Schrader-Motor-Chronik

Büssing Lastwagen und Zugmaschinen

1903–1971

DIESEL-LASTWAGEN
sparen Brennstoffkosten
von 1,5 bis 8,5 t Nutzlast
eine lückenlose Typenreihe

Schrader-Motor-Chronik

Büssing Lastwagen und Zugmaschinen

1903–1971

Eine Dokumentation von Wolfgang H. Gebhardt

Schrader Verlag

Eine Haftung des Autors oder des Verlages und seiner Beauftragten für Personen-, Sach- und Vermögensschäden ist ausgeschlossen.

ISBN 3-613-87183-1

Ein Unternehmen der Paul Pietsch Verlage GmbH + Co
1. Auflage 1999

Lektorat: Joachim Kuch, Halwart Schrader
Innengestaltung: Viktor Stern
Repro: digi bild reinhardt, 73037 Göppingen
Druck: Maisch & Queck, 70839 Gerlingen
Bindung: Karl Dieringer, 70839 Gerlingen
Printed in Germany

Inhalt

Vorwort

Nutzfahrzeuge der Marke Büssing waren im Straßenbild bis zum Ende der siebziger Jahre eine Selbstverständlichkeit. Büssing zählte mit seinen Konstruktionen zum belebenden Bestandteil der deutschen Automobilindustrie.
Wolfgang H. Gebhardt, Verfasser der SMC-Bände »Deutsche Ackerschlepper«, »Faun« und »Büssing Omnibusse«, zeigt mit dieser Dokumentation einen Querschnitt der Geschichte des Lastwagen- und (Sattel-) Zugmaschinenbaus dieses Braunschweiger Herstellers, der durch die Chrom-Spinne an der Kühlermaske und durch das Löwen-Emblem uns allen gut in Erinnerung ist. Mit einer Auswahl von Unterlagen und Prospekten, die aus dem Archiv von Herrn Hans Pairan in Rollhofen stammen, wollen wir in chronologischer Folge einige repräsentative Lkw- und Zugmaschinen-Konstruktionen des Büssing-Produktionsprogramms zeigen. Eine lückenlose Übersicht zu bieten, ist durch die Vielzahl der Typen, die Büssing herausgebracht hat, kaum möglich; es können deshalb jeweils nur Beispiele aus den wichtigsten Baureihen gezeigt werden.

Halwart Schrader

Der Name Büssing stand bis in die 70er Jahre für schwere, solide und mit speziellen Eigenschaften ausgestattete Lastwagen und Omnibuse.
Heinrich Büssing kam 1843 in Nordsteimke bei Fallersleben als Sohn des Gemeindeschmiedes zur Welt. Nach Lehre und Wanderschaft verfügte er über ausreichende Kenntnisse, mit denen er 1868 seine erste Firma in Braunschweig gründete, die Velocipede, also Hochräder herstellte. Seine Devise »Ich halte auf die größte Solidität« war der Garant für den Erfolg seiner Unternehmungen. 1871 richtete er mit dem Kaufmann Max Jüdel eine Signalbauanstalt ein, die mit einer Fülle von Patenten Büssings prosperierte.
Als sich Büssing um die Jahrhundertwende ein Daimler Automobil gekauft hatte, ließ ihn die Fahrzeugtechnik nicht mehr los. Die Konstruktion eigener Prototypen bestärkte ihn, sich ausschließlich auf die gegenüber dem Personenwagen noch wenig entwickelte Nutzfahrzeugtechnik zu konzentrieren. 1903 richtete er in einem ehemaligen Wäschereigebäude in der Braunschweiger Elmstraße mit ein paar Mitarbeitern seine »Motorlastwagenfabrik« ein.
Es gelang ihm bald, seine Lastwagen und Omnibusse in Hauben- und Frontlenkerbauart im In- und Ausland zu verkaufen. Eigene Transportunternehmen verbreiteten den exzellenten Ruf der Marke Büssing.
Heinrich Büssing kümmerte sich nicht nur als sorgfältig abwägender Geschäftsmann um die Entwicklung des Unternehmens, sondern auch um den technischen Fortschritt seiner Erzeugnisse. 1907 gelang es ihm gemeinsam mit der Continental-Reifenfabrik, den luftgefüllten »Hohlreifen für hohe Drücke« zu entwickeln, der die Fahrqualität der Nutzfahrzeuge verbesserte. 1916 ernannte ihn der Braunschweiger Herzog zum Geheimen Baurat. 1920 erhielt Heinrich Büssing die Ehrendoktorwürde der TH Braunschweig.
Während des Ersten Weltkrieges profilierte er das Unternehmen auf die Fertigung der Subventionslastwagen und Spezialfahrzeuge. Die Entwicklung des seinerzeit weltweit revolutionär wirkenden »Sechsradwagens«, die Einführung des Sechszylindermotors sowie die Entwicklungsarbeiten zum Sechszylinder-Dieselmotor nach dem gesteuerten Vor-

Preußischer Subventions-Lastzug um 1913.

Erster Büssing-Dreiachser Typ VIGL.

kammerverfahren machten das Unternehmen überlebensfähig in der sich anbahnenden Weltwirtschaftskrise. 1929 starb Heinrich Büssing als Vorsitzender des Aufsichtsrats, schließlich auch Inhaber von über 90 Patenten.
An der Entwicklung der modernen Dieselmotorentechnik war Paul Arendt (1893–1968) führend beteiligt. Sein Debüt war 1931/32 die Konstruktionspalette der Selbstzünder mit 3, 4, 5 und 6 Zylindern mit einheitlichen Maßen. Seine Meisterleistung war ab 1934 dann die Entwicklung des Unterflurdieselmotors, der nach dem Zweiten Weltkrieg dem Büssing-Werk das Profil als Unterflurmotor-Spezialist gab.
Die in Bedrängnis geratene Nationale Automobil AG (NAG) ging 1931 eine Arbeitsgemeinschaft mit Büssing ein. Die Vereinigten Nutzkraftwagenwerke Büssing NAG AG konnten damit einerseits ein komplettes Programm an Leicht- und Schnellastwagen aus dem Programm der NAG-Tochter Dux, andererseits das gut eingeführte Büssing-Programm an mittleren und schweren Nutzfahrzeugen anbieten. Dazu standen jetzt weitere Werke in Berlin-Oberschöneweide und in Leipzig-Wahren zur Verfügung.
Nach dem Verlust der Werke im Osten war nach 1945 nur noch das Werk Braunschweig verblieben. Nach dem Niedergang des Borgward-Werkes gelangte ein Teil des Bremen-Osterholzer Werkes an das Braunschweiger Unternehmen; von 1961 bis 1963 fertigte ein neuerrichtetes Zweigwerk in Emden Büssing-Getriebe.
Wirtschaftliche Schwierigkeiten des Unternehmens Ende der fünfziger Jahre führten zur Zusammenarbeit mit den LHB (Linke-Hofmann-Busch) Waggon-Fahrzeug-Maschinenfabriken GmbH in Salzgitter und damit zum Neuaufbau eines modern konzipierten Werkes in Salzgitter-Watenstedt. Mitte der sechziger Jahre gab Büssing das Stammwerk sukzessive auf. Nachdem die Muttergesellschaft Salzgitter AG 1968 die Aktienanteile fast komplett erworben hatte, gab sie diese an die MAN-Werke ab, so daß Ende 1971 das Werk vollständig in den Besitz des Münchener Nutzfahrzeugherstellers geriet, und die Eigenständigkeit Büssings endete.
Zahlreiche innovative Spitzenleistungen hat Büssing auf den Markt gebacht, aber es gab auch wirtschaftliche Fehlschläge

Büssing 5000 S von 1948, der sogenannte »Wiederaufbauhelfer«.

Büssing 12000 TU Sechsradwagen von 1951.

wie die Entwicklung des Allrad-Burglöwen »Universal« als Konkurrenzmodell zum Mercedes-Unimog im Jahre 1963 oder die des Decklasters »Supercargo«. Bei diesem extrem niedrig konstruierten Modell sollte die gesamte Fahrzeuglänge für ein standardisiertes Transportsystem genutzt werden. Ein Programm im fehlenden Schnellastwagenbereich versuchte Büssing 1964 – leider ohne Erfolg – mit dem Vertrieb der italienischen OM-Transporter aufzubauen. Neuen Schwung brachten die ab 1965 eingeführten Fahrerhäuser des Designers Louis L. Lepoix in die Büssing-Angebotspalette. Vom gut durchdachten »Stadtwagen« mit tiefliegendem Fahrerhaus über die Standard-Nah- und Fernverkehrslaster reichte das Programm bis zur neuartigen Frontlenker-Zugmaschine mit zweiter gelenkter Achse und vor der Vorderachse liegendem Motor. Ebenso sollte ein Dreiachser-Frontlenker mit vornliegendem Unterflurmotor die kostspielig gewordene zweite Baureihe, die Haubenfahrzeuge für den Baustelleneinsatz endgültig ablösen. Auch diese erfolglose Entwicklung zehrte an der Substanz der Firma.
Die Büssing-Motorentechnik, die nach dem Krieg nur noch den stehenden und liegenden Sechszylinder-Dieselmotor favorisierte, ging 1967 zum modernen, wirtschaftlicheren Direkteinspritzverfahren über. Der Motoreningenieur Dr. Franz Zahren führte hier 1969 die Turboladertechnik (erneut nach dem Bau von aufgeladenen Schienenbus-Motoren) ein, so daß Büssing als erster deutscher Hersteller einen 310, später sogar 320 PS starken Motor anbieten konnte, mit dem der 38-Tonnen-Zug mit 8 PS pro Tonne ausgestattet werden konnte.

LS 11 AK Commodore der Autobahnmeisterei Nürnberg, 1962.

Die MAN als neuer Eigentümer setzte 1971das Unterflurmotor-Fahrzeugprogramm fort. Die Dreiachs-Zugmaschine, die fortschrittliche Direkteinspritztechnik und der zum Schluß wieder aktuelle Fünfzylinder-Diesel stellten das Besondere des MAN-Büssing-Programm dar. 1979 fiel der Zusatz Büssing fort, seither erinnert nur mehr der Büssing-Löwe als Markenzeichen für das gesamte MAN-Fahrzeugprogramm an das Braunschweiger Unternehmen.

Büssing-Sattelschlepper BS 20 S2 von 1969.

Klassische Säulen und Jugendstil-Elemente umrahmen den Büssing-Brauereilaster von 1913. Auszeichnungen werben für die Qualität der Fahrzeuge.

In Südamerika wie im zaristischen Rußland besaß das Büssing-Werk Vertretungen.

Absolut überzeugender Vergleich: dem 35-PS-Büssing stehen 21 Fellachen des Pharao Ramses II. gegenüber.

Kurz vor Ausbruch des Ersten Weltkrieges warb Büssing mit dem »staatlich subventionierten Lastwagen«. Der Zuschuß verpflichtete den Besitzer, den Wagen stets fahrbereit zu halten und ihn im Kriegsfall an die Verkehrstruppen abzugeben.

»Führende Büssing-Speziallastwagen für den Möbeltransport« stellt die Graphik Ende der 30er Jahre heraus. Die Seitenflächen der elastik- oder ballonbereiften Fahrzeuge boten eine gute Werbefläche.

Büssing-NAG versah 1932 die Typen 150 und 200 mit einem Baukasten-Dreizylinder-Dieselmotor »mit Vorkammer und einem patentierten Schußkanal«. 45 Pferdestärken mußten 4,3 Tonnen Gesamtgewicht bewegen.

Die von der NAG eingebrachten Leicht-Lastwagen besaßen einen »sparsamen und robusten Vierzylinder-Hochleistungsmotor mit hängend im Zylinderkopf angeordneten Ventilen.«

Mit Einzelbereifung wurde der 45 PS starke 1,5-Tonner auf die Straße gelassen.

Die vollkommene Ausrüstung

umfaßt elektrische Armwinker, Scheibenwischer, Geschwindigkeitsmesser mit Kilometerzähler, Rückblickspiegel, Nummernschilder, Wagenheber, Handluftpumpe, Werkzeug und Zubehör. — Zur elektrischen Ausrüstung gehören: Spannungsregulierende 12 Volt Lichtmaschine und Anlasseranlage, Fabrikat Bosch, zwei Hauptscheinwerfer mit Bilux-Zweifadenlampen zum Abblenden, Schlußlampe als Nummernschildbeleuchtung, 60 Ampère-Batterie, Signalhorn, Schaltbrett-Beleuchtung, Handlampe mit Steckkontakt.

133

BÜSSING-NAG Vereinigte Nutzkraftwagen Aktiengesellschaft **BRAUNSCHWEIG**

BUCHDRUCKEREI JULIUS KRAMPE · BRAUNSCHWEIG

Die serienmäßige Ausstattung des Leicht-Lastwagens war äußerst umfangreich.

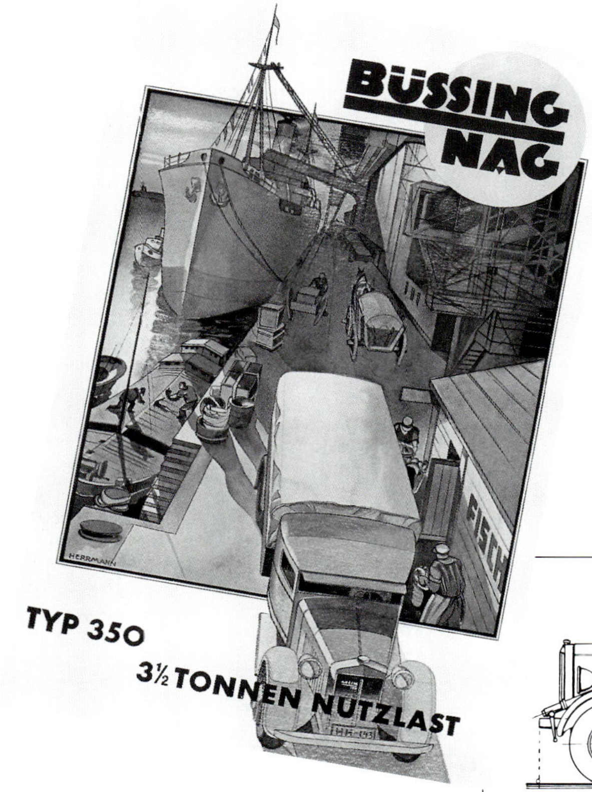

Der Graphiker plazierte den Typ 350 vor eine Hafenszene mit Pferdewagen und klapprigem Drückkarren. Eine 7-Liter-Maybach-Sechszylinder-Vergasermaschine mit 70/80 PS motorisierte den Laster; der eigene Motorenbau konzentrierte sich bei Büssing auf Dieselantriebe.

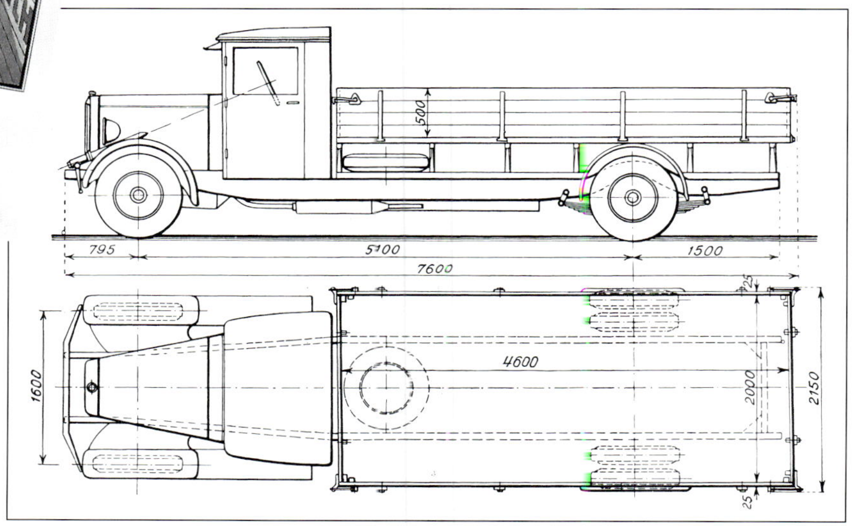

Abmessungen des 5-Tonners von 1933.

BOHRISCH BRAUEREI AKTIENGESELLSCHAFT STETTIN

BÜSSING-Lastkraftwagen die allerbesten Erfahrungen gemacht haben

BÜSSING-Wagen doch die überragende Qualität ist

BÜSSING - Rohölmotor von allen für Lastkraftwagen verwandten Rohölmotoren am ruhigsten und leisesten

Die Ersparnis gegen Benzin ist aber ganz kolossal

Stettin, den 8. Februar 1932

Wir bestätigen den Empfang Ihrer Anfrage vom 4. d. M. und teilen Ihnen höflich mit, daß wir mit den BÜSSING-Lastkraftwagen die allerbesten Erfahrungen gemacht haben. Es gibt sicher auch andere gute Wagen, aber wir haben immer wieder gefunden, daß der BÜSSING-Wagen doch die überragende Qualität ist.
BÜSSING baut seit Bestehen der Firma schwere Lastwagen und hat vielleicht dadurch auch ganz besonders für die für die einzelnen Teile zu verwendenden Stahlqualitäten die größten Erfahrungen.
Wir versorgen unseren gesamten Provinzbetrieb mit Dreiachser-Lastkraftwagen. Diese Dreiachser verbrauchen nicht mehr Benzin als die Zweiachser. Man hat auch zwei Leute drauf, aber sie schaffen 170 gegen 100 Ztr., fahren also gegenüber 5-t-Zweiachser-Wagen 70 Ztr. bei jeder Fahrt umsonst mit. Genau so verhält es sich mit den Anhängern. Wir fahren Anhänger mit 150 Ztr., auch dann braucht der $8\frac{1}{2}$-t-Dreiachser nicht mehr als der 5-t-Wagen mit 100-Ztr.-Anhänger.
Seit einem Monat haben wir einen neuen Dreiachser mit Rohölmotor, und soweit wir bisher haben feststellen können, sind wir außerordentlich zufrieden. Der Unterzeichnete hatte schon auf der Ausstellung in Berlin festgestellt, daß der BÜSSING-Rohölmotor von allen für Lastkraftwagen verwandten Rohölmotoren am ruhigsten und leisesten ging.
Bei Last ist dieser Rohölmotor von einem Benzinmotor gar nicht zu unterscheiden, die Ersparnis gegen Benzin ist aber ganz kolossal. Da dieser Wagen einen Schnellgang hat, ist diese Ersparnis um so größer. Ohne Anhänger kann man, wenn man kein bergiges Terrain hat, immer mit Schnellgang fahren, der Wagen läuft dann 50 km.
Wir verbrauchen z. B. bei 180 Ztr. Nutzlast für eine Strecke von 280 km in größtenteils bergigem Gelände auf 100 km 32 Liter Rohöl à 13.30 Pf., mit Anhänger benötigen wir bei 330 Ztr. Nutzlast auf derselben Strecke durch das bergige Gelände 40 Liter. Der Wagen gebraucht für die 280 km genau 7 Stunden Fahrzeit, hat also eine Durchschnittsgeschwindigkeit von 40 km/Std. erreicht.
Wir glauben, Ihnen deshalb das BÜSSING-Fabrikat, insbesondere auch mit Rohölmotor und Schnellgang empfehlen zu können.

Hochachtungsvoll

Bohrisch Brauerei A.-G.
gez. H. Bohrisch

NUTZKRAFTWAGEN mit BÜSSING-NAG Dieselmotor

So urteilen unsere Kunden . . .

VIEWEG A.G. BRAUNSCHWEIG

Büssing-Sechsradwagen erreichten zeitweilig einen Marktanteil von fast 90 Prozent. Auch die Bohrisch-Brauerei AG in Stettin setzte die 8,5-Tonner mit sparsamen Büssing-Diesel ein, der »am ruhigsten und leisesten unter den verwandten Rohölmotoren« lief.

Der BÜSSING-NAG Achtzylindermotor

Für 3½-Tonnen-Lastkraftwagen, an deren Leistung und Geschwindigkeit besonders hohe Anforderungen gestellt werden, ist der BÜSSING-NAG Achtzylindermotor Typ L 8 V mit einer Kraftentfaltung von 100 PS der richtige Motor. Die V-förmige Zylinderanordnung ergibt eine gedrungene und übersichtliche Bauart; der Lauf ist ruhig und ausgeglichen.
Zur Verwendung für mittelstarke Schnellverkehr-Omnibusse kann durch Erhöhung der Umlaufgeschwindigkeit gegenüber der Normalausführung die Leistung des BÜSSING-NAG Achtzylindermotors auf 155 PS gesteigert werden. In dieser Ausführung gibt er dem Fahrzeug nicht nur eine sehr hohe Spitzengeschwindigkeit, sondern — durch seine Elastizität, seine Bergfreudigkeit und sein außergewöhnliches Beschleunigungsvermögen -- sind mittlere Reisegeschwindigkeiten bis zu 100 km/Std. auch in bergigem Gelände über lange Strecken ohne Überanstrengung der Maschine erreichbar.

Aus dem NAG-Erbe stammte der Vergaser-Leichtmetall-V8-Motor mit 100 oder 160 PS. Für Fahrzeuge, »an deren Leistungsfähigkeit und Geschwindigkeit besonders hohe Anforderungen gestellt werden,« bot Büssing-NAG diesen Motor an; auch die Reichswehr und das schwedische Militär interessierten sich für ihn.

Mit dem wirtschaftlichen Dieselmotor rüstete Büssing-NAG den Laster für 2,6 und 2,85 Tonnen Nutzlast aus. Ein elektrisch betriebener Scheibenwischer vor der austellbaren Scheibe sorgte für freie Sicht bei Regen.

Vom 5- bis zum 10-Tonner reichte das 1937er Programm der schweren Diesel-Büssing-Lastwagen, nur auf Sonderwunsch wurden noch Vergasermotoren eingebaut.

1936 führte Büssing-NAG das von dem Kunstmaler Neumann-Neander entworfene verchromte Ziergitter (Büssing-Spinne) als neues Gesicht am Kühler ein, das bis zum Ende ein unverwechselbares Markenzeichen blieb. Hier der Leichtlastwagen mit Dreizylinder-Diesel.

Der Absatz von Sonderfahrzeugen für den kommunalen Bereich bildete ein sicheres Standbein für das Unternehmen. Die Sprengwagen erhielten vorsorglich für den Kriegsfall eine Feuerlöschvorrichtung.

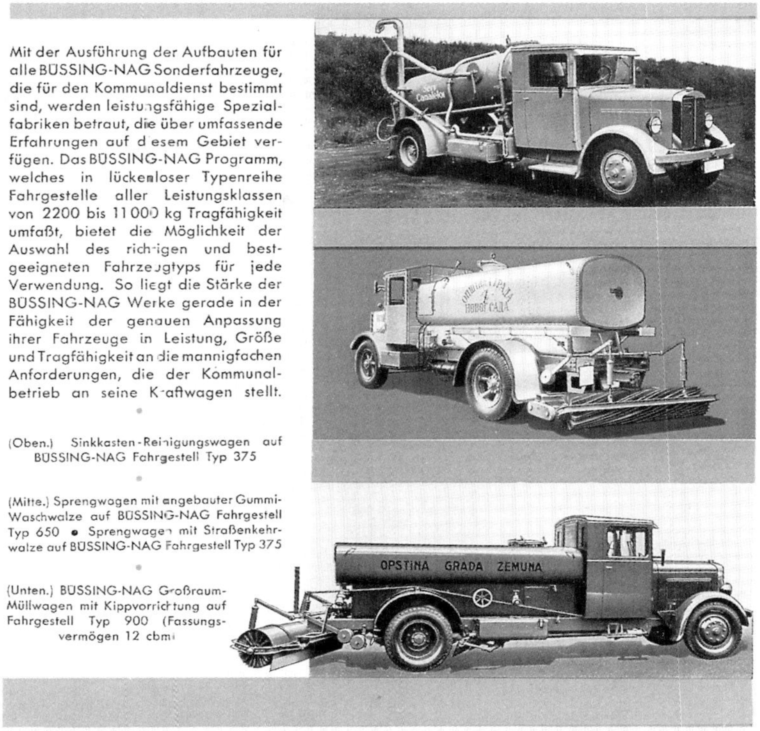

Mit der Ausführung der Aufbauten für alle BÜSSING-NAG Sonderfahrzeuge, die für den Kommunaldienst bestimmt sind, werden leistungsfähige Spezialfabriken betraut, die über umfassende Erfahrungen auf diesem Gebiet verfügen. Das BÜSSING-NAG Programm, welches in lückenloser Typenreihe Fahrgestelle aller Leistungsklassen von 2200 bis 11 000 kg Tragfähigkeit umfaßt, bietet die Möglichkeit der Auswahl des richtigen und bestgeeigneten Fahrzeugtyps für jede Verwendung. So liegt die Stärke der BÜSSING-NAG Werke gerade in der Fähigkeit der genauen Anpassung ihrer Fahrzeuge in Leistung, Größe und Tragfähigkeit an die mannigfachen Anforderungen, die der Kommunalbetrieb an seine Kraftwagen stellt.

(Oben.) Sinkkasten-Reinigungswagen auf BÜSSING-NAG Fahrgestell Typ 375

(Mitte.) Sprengwagen mit angebauter Gummi-Waschwalze auf BÜSSING-NAG Fahrgestell Typ 650 • Sprengwagen mit Straßenkehrwalze auf BÜSSING-NAG Fahrgestell Typ 375

(Unten.) BÜSSING-NAG Großraum-Müllwagen mit Kippvorrichtung auf Fahrgestell Typ 900 (Fassungsvermögen 12 cbm)

Mannschafts-, Geräte- und Spritzenwagen sollten den Weg in das Feuerwehrfahrzeug-Geschäft ebnen. Benziner mit 45 und 65 PS sowie Diesel mit 48 bis 145 PS standen zur Verfügung.

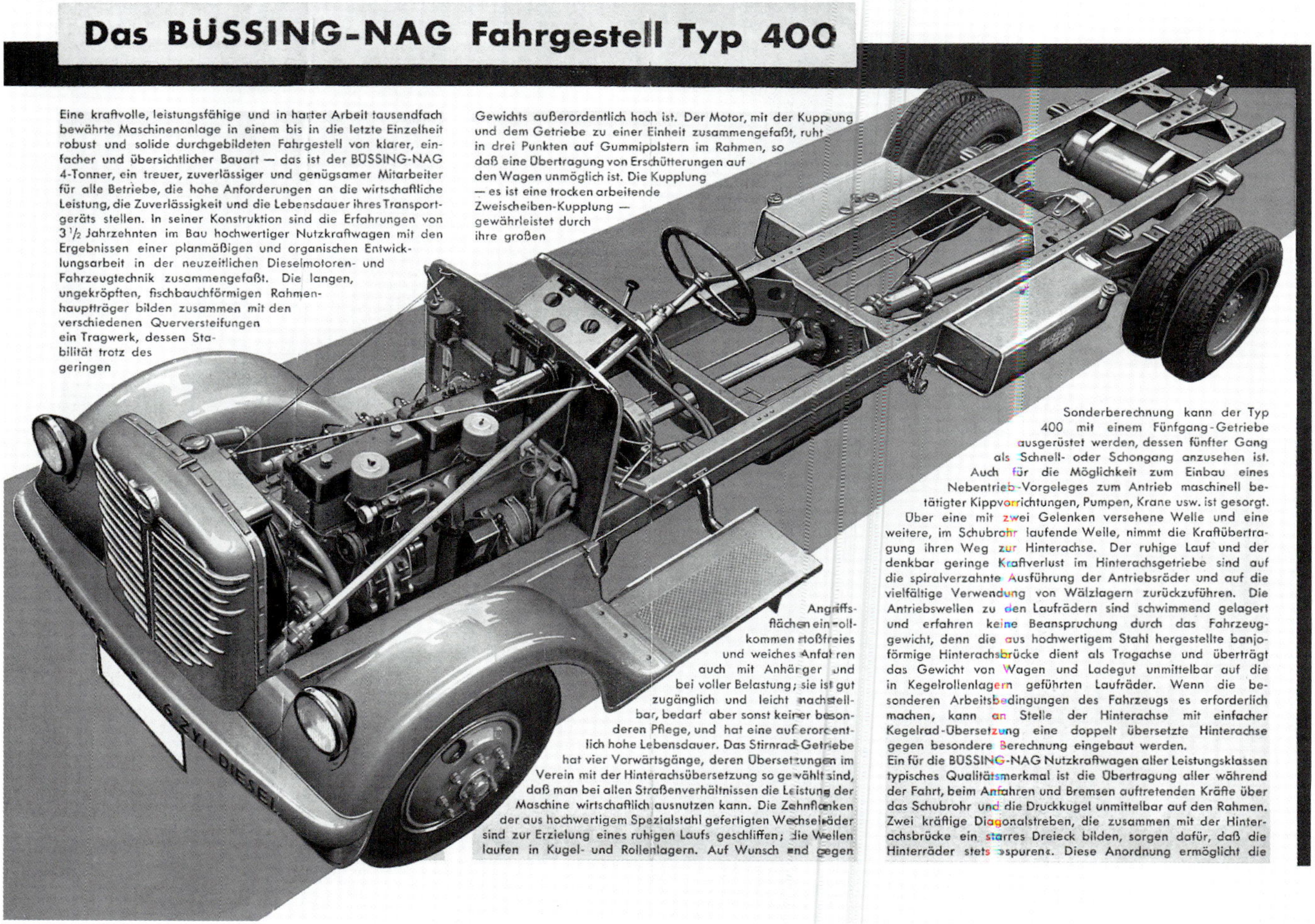

Das BÜSSING-NAG Fahrgestell Typ 400

Eine kraftvolle, leistungsfähige und in harter Arbeit tausendfach bewährte Maschinenanlage in einem bis in die letzte Einzelheit robust und solide durchgebildeten Fahrgestell von klarer, einfacher und übersichtlicher Bauart — das ist der BÜSSING-NAG 4-Tonner, ein treuer, zuverlässiger und genügsamer Mitarbeiter für alle Betriebe, die hohe Anforderungen an die wirtschaftliche Leistung, die Zuverlässigkeit und die Lebensdauer ihres Transportgeräts stellen. In seiner Konstruktion sind die Erfahrungen von 3 1/2 Jahrzehnten im Bau hochwertiger Nutzkraftwagen mit den Ergebnissen einer planmäßigen und organischen Entwicklungsarbeit in der neuzeitlichen Dieselmotoren- und Fahrzeugtechnik zusammengefaßt. Die langen, ungekröpften, fischbauchförmigen Rahmenhauptträger bilden zusammen mit den verschiedenen Querversteifungen ein Tragwerk, dessen Stabilität trotz des geringen Gewichts außerordentlich hoch ist. Der Motor, mit der Kupplung und dem Getriebe zu einer Einheit zusammengefaßt, ruht in drei Punkten auf Gummipolstern im Rahmen, so daß eine Übertragung von Erschütterungen auf den Wagen unmöglich ist. Die Kupplung — es ist eine trocken arbeitende Zweischeiben-Kupplung — gewährleistet durch ihre großen Angriffsflächen ein vollkommen stoßfreies und weiches Anfahren auch mit Anhänger und bei voller Belastung; sie ist gut zugänglich und leicht nachstellbar, bedarf aber sonst keiner besonderen Pflege, und hat eine außerordentlich hohe Lebensdauer. Das Stirnrad-Getriebe hat vier Vorwärtsgänge, deren Übersetzungen im Verein mit der Hinterachsübersetzung so gewählt sind, daß man bei allen Straßenverhältnissen die Leistung der Maschine wirtschaftlich ausnutzen kann. Die Zahnflanken der aus hochwertigem Spezialstahl gefertigten Wechselräder sind zur Erzielung eines ruhigen Laufs geschliffen; die Wellen laufen in Kugel- und Rollenlagern. Auf Wunsch und gegen Sonderberechnung kann der Typ 400 mit einem Fünfgang-Getriebe ausgerüstet werden, dessen fünfter Gang als Schnell- oder Schongang anzusehen ist. Auch für die Möglichkeit zum Einbau eines Nebentrieb-Vorgeleges zum Antrieb maschinell betätigter Kippvorrichtungen, Pumpen, Krane usw. ist gesorgt.

Über eine mit zwei Gelenken versehene Welle und eine weitere, im Schubrohr laufende Welle, nimmt die Kraftübertragung ihren Weg zur Hinterachse. Der ruhige Lauf und der denkbar geringe Kraftverlust im Hinterachsgetriebe sind auf die spiralverzahnte Ausführung der Antriebsräder und auf die vielfältige Verwendung von Wälzlagern zurückzuführen. Die Antriebswellen zu den Laufrädern sind schwimmend gelagert und erfahren keine Beanspruchung durch das Fahrzeuggewicht, denn die aus hochwertigem Stahl hergestellte banjoförmige Hinterachsbrücke dient als Tragachse und überträgt das Gewicht von Wagen und Ladegut unmittelbar auf die in Kegelrollenlagern geführten Laufräder. Wenn die besonderen Arbeitsbedingungen des Fahrzeugs es erforderlich machen, kann an Stelle der Hinterachse mit einfacher Kegelrad-Übersetzung eine doppelt übersetzte Hinterachse gegen besondere Berechnung eingebaut werden.

Ein für die BÜSSING-NAG Nutzkraftwagen aller Leistungsklassen typisches Qualitätsmerkmal ist die Übertragung aller während der Fahrt, beim Anfahren und Bremsen auftretenden Kräfte über das Schubrohr und die Druckkugel unmittelbar auf den Rahmen. Zwei kräftige Diagonalstreben, die zusammen mit der Hinterachsbrücke ein starres Dreieck bilden, sorgen dafür, daß die Hinterräder stets »spuren«. Diese Anordnung ermöglicht die

Im modernen Design mit Büssing-Spinne und mit glattem, ungekröpften Rahmen bot Büssing-NAG das 4-Tonnen-Fahrgestell an, das mit verschiedenen Aufbauten versehen werden konnte.

VEREINIGTE NUTZKRAFTWAGEN AKTIENGESELLSCHAFT BRAUNSCHWEIG

Typ 900 mit Diesel-Motor G D 6

Technische Einzelheiten des Fahrgestells:

Motor	6 Zylinder je 3 im Block
Bohrung	130 mm
Hub	170 mm
Hubvolumen	13,5 Ltr.
Drehzahl	1500/1600 Umdr./Min.
Leistung	135/145 PS
Ventile	von oben gesteuert
Ventilsteuerung	durch Stangen und Kipphebel
Einspritzung	durch Bosch-Brennstoffpumpe
Schmierung	Druckumlauf durch Pumpe mit großem, leicht auszubauendem Ölreiniger
Kolben	Leichtmetall
Wasserumlauf	durch Zentrifugalpumpe
Kühler	6 auswechselbare Hochleistungselemente
Zylinderkopf	abnehmbar
Drehzahlregler	zweistufig, Zentrifugalsystem
Luftreiniger	2 große Luftfilter
Brennstoffreiniger	Feinfilter
Brennstoffzufuhr	automatisch durch Brennstoffpumpe
Brennstoffbehälter	rechtsseitlich, Inh. 200 Ltr.
Mittl. Brennstoffverbrauch pro 100 km	etwa 38 kg, auf ebener, trockener Straße und mit normaler Belastung
Mittl. Ölverbrauch pro 100 km	etwa 1 kg
Kupplung	Zweischeibenkupplung
Getriebe	vom Motor getrennt angeordnet

Anzahl der Gänge	4 Vorwärts-, 1 Rückwärts-, auf Wunsch m. Schnellgang
Schalthebel	Kugelschaltung in der Mitte angeordnet
Kraftübertragung	durch Zwischenwelle
Schubübertragung	durch Schubrohr und Schubkugel
Vorderachse	Faustachse, Doppel-T-Profil
Lenkung	Schneckenlenkung, linksseitig
Lenkradius	10,7m/11,4m/12,1m/12,8m/13,5m
Rahmen	Hochrahmen a. gepreßtem Stahlblech, Spezial-Profil
Federung	kräftige lange Halbelliptikfedern vorn und hinten
Sechsradbremse 2 Handbremsen, auf je 1 Hinterachse	Druckluftsystem KNORR
Hinterachse	doppelt untersetzt, völlig entlastete Achswellen
Räder	+GF+ Simplex-Stahlguß-speichenräder mit abnehmbaren Felgen
Bereifung	Riesenluftreifen, einfach 12,75/13,50–20 extra

	mit Schnellgang km/Std.	km/Std.	ohne Schnellgang km/Std.
Fahrgeschwindigkeiten	50	45	40
Steigfähigkeit ohne Anhänger	31 %	34 %	21 %
Steigfähigkeit mit 7,5-t-Anhänger	19,5 %	21 %	13 %
Steigfähigkeit mit 10-t-Anhänger	17 %	19 %	11 %

Ausrüstung und Zubehör des Fahrgestells:

Bosch-Licht- und Anlasseranlage 12/24 Volt, für Lastwagen 300 Watt Lichtmaschine
Beleuchtetes Instrumentenbrett
Elektrisches Horn
Kühlerthermometer
Nummernschilder
Kilometerzähler
Achttageuhr
Reservefelge ohne Reifen
Wagenheber
Kompressor-Anschluß zum Aufpumpen der Bereifung
Werkzeug, Zubehör und Ersatzteile
Anhängevorrichtung

Ausrüstung des Führerhauses:

Elektrischer Scheibenwischer
Fahrtrichtungsanzeiger
Rückblickspiegel

BÜSSING-NAG »Burglöwe«

Der »Burglöwe«, der von nun an den Kühler der BÜSSING-NAG Benzin-Leichtlastwagen zieren wird, ist das alte Zeichen, unter dem sich Büssing-Lastwagen und -Omnibusse ihren Weltruf erkämpft haben. Mit dem Namen »Burglöwe« und dem Wappen am Kühler werden auch diese Leichtlastwagen zu Trägern der stolzen Büssing-Überlieferung. Die »Burglöwen« sind keine Neukonstruktionen, die erst noch das Vertrauen der Wirtschaft erringen müssen, sondern es sind die altbewährten BÜSSING-NAG Benzin-Leichtlastwagen,

wie sie seit Jahren im Dienst bei Tausenden von zufriedenen Besitzern treu und zuverlässig ihre Pflicht tun, in organischer Entwicklung konstruktiv ausgereift, und in einem neuen, dem Geschmack unserer Zeit entsprechenden Gewande. Die »Burglöwen« sind Nutzkraftwagen im besten Sinne des Wortes, so wie die Praxis sie verlangt, echte BÜSSING-NAG Wagen mit allen BÜSSING-NAG Qualitätsmerkmalen. Die Typenreihe der »Burglöwen« umfaßt drei Leistungsklassen: den 1½-Tonner, den 2-Tonner und den 2½-Tonner, der auch mit langem Niederrahmen als Omnibusfahrgestell gebaut wird. Gemeinsam sind allen drei Leistungsklassen die Sparsamkeit des Motors, die unbedingte Zuverlässigkeit, die hohe Lebensdauer und der bemerkenswert niedrige Anschaffungspreis.

Die leichte Dieselreihe

In planvoller Aufbauarbeit ist die Reihe der leichten BÜSSING-NAG Diesellastwagen von Jahr zu Jahr ergänzt worden. Mit der Einführung des 80-PS-Fünfzylinder-Dieselmotors im vergangenen Jahr hat diese Entwicklung ihren Abschluß gefunden, und die letzte Lücke in der Reihe ist geschlossen. Für jeden Betrieb und für die Erfüllung aller Anforderungen bietet BÜSSING-NAG heute die richtige Leistungsklasse, bei der Betriebskostenaufwand, Motorleistung und Tragfähigkeit in einem gesunden Verhältnis zueinander stehen, bei der also die Voraussetzungen für wirtschaftliches Arbeiten im Dauerbetrieb erfüllt sind.

Topmodell der Vorkriegszeit war der Haubenlaster der Baureihe 900. Das Typenblatt stellt den 13,5-Liter-Motor mit 145 PS vor. Gemäß Schell-Programm sollte der Typ unter der Bezeichnung 9000 laufen. Auch ein Frontlenker als Typ 900 G war in Vorbereitung.

Ein komplettes Programm vom 1,5- bis zum 3-Tonner bot Büssing unter der Bezeichnung »Burglöwe« aus den Fertigungsstätten in Braunschweig, Berlin-Oberschöneweide und Leipzig an. Drei-, Vier- und Fünfzylinder-Diesel arbeiteten hinter den Kühlermasken.

BÜSSING-NAG »Trambus«

Nach jahrelanger Versuchsarbeit ist nun auch der BÜSSING-NAG Trambus reif geworden zur Herstellung in großen Serien. Im Vergleich zum Omnibus der bisher üblichen Bauart weist der BÜSSING-NAG Trambus eine ganze Reihe von Vorzügen auf: der Fahrer hat von dem weit nach vorn gerückten Führersitz aus einen ausgezeichneten und unbehinderten Ausblick auf die Fahrbahn; die Trambus-Bauart erlaubt eine viel bessere Ausnutzung der Gesamtlänge des Fahrzeugs für die bequeme Unterbringung einer größeren Zahl von Fahrgästen, eine bessere Gewichtsverteilung und endlich eine schönere und zweckmäßigere Formgebung.

BÜSSING-NAG Schwerlastwagen

Neben den seit Jahrzehnten bewährten und in organischer Entwicklung bis zu seiner heutigen Stufe der Vollkommenheit ausgereiften BÜSSING-NAG Diesel-Schwerlastwagen tritt im Programm 1936 der BÜSSING-NAG Schwerlastwagen mit Allradantrieb, ein Fahrzeugtyp, dem seine hervorragenden Betriebseigenschaften eine überragende Bedeutung für die kommende Entwicklung des Verkehrs mit Großlastwagen sichern. Hinsichtlich seiner Verkehrssicherheit und seiner Leistung wird der BÜSSING-NAG Lastwagen mit Allradantrieb nur noch durch den altbewährten BÜSSING-NAG Sechsradwagen mit zwei angetriebenen Hinterachsen übertroffen.

BÜSSING-NAG Dreiachser

Unter den revolutionären stromlinienförmigen Trambus setze die Graphik den zwei- oder dreiachsigen Schwerlastwagen. Der Allrad-Zweiachser bildete als »Hundertfünfer« das Kriegsprogramm.

Aufwendige Technik mit Allradantrieb im Büssing-NAG von 1936. Über Doppelgelenke konnte das Drehmoment auf die Lenkachse übertragen werden. Der »Voll-Adhäsions-Wagen« war für das Bau- und Forstgewerbe gedacht. Die Wehrmacht fand ebenfalls Gefallen an diesem geländegängigen Fahrzeug.

Ein BÜSSING-NAG Dreiachser mit Meiller-Kipper-Aufbau; rückwärts gekippte Ladebrücke

Öl von der Ölpumpe aus dem Behälter (7) durch die Rohrleitung (8) in die hydraulische Presse (9) gedrückt; aus dieser tritt dann unter dem wachsenden Öldruck der Teleskopkolben heraus und bringt die Ladebrücke in die gewünschte Schrägstellung. Bei Erreichung des gewünschten steilsten Kippwinkels treten durch die Schiefstellung der Presse (9) die Kugelfußventile (10) selbsttätig in Wirksamkeit und lassen das Öl beim Weiterarbeiten der Pumpe in den Behälter zurückfließen. Zum Senken der Ladebrücke öffnet man das Rücklaufventil (4) durch Drehen des Handrades (3) entgegen der Pfeilrichtung, so daß das Öl aus der Presse von selbst in den Behälter zurückfließt. Durch Öffnen und Schließen des Handrades kann man die Kippbrücke in jeder beliebten Stellung feststehen lassen, senken oder heben. Eine Füllung des Ölbehälters (Spezialöl) genügt für jahrelangen Betrieb.

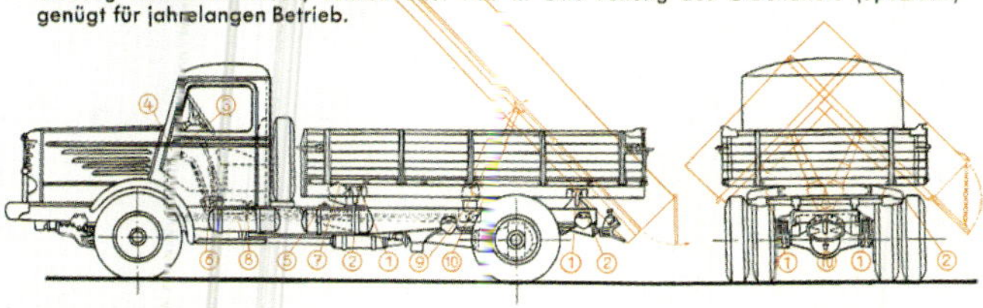

Ein BÜSSING-NAG Dreiachser mit Meiller-Kipper-Aufbau; Seitwärts-Kippstellung

Mit alter Motorhaube (seitliche Lüftungsklappen und geteilte Kühlermaske) erschien der Büssing-NAG-Kipper mit einem motorhydraulisch betätigten Meiller-Aufbau. Als Schwerlaster besaßen die Typen 375, 550, 650, 654 (Allradantrieb) und 900 diese Technik.

Der Büssing-Eilschlepper konnte mit kurzem oder verlängertem Fahrgestell auch als Pritschenwagen, als Kipper und als Langmaterial-Transporter (mit Anhänger) ausgestattet werden. Das damals weit verbreitete Rautenband stellte die Abziehbilder-Fabrik August Jüttner in Saalfeld/Saale her.

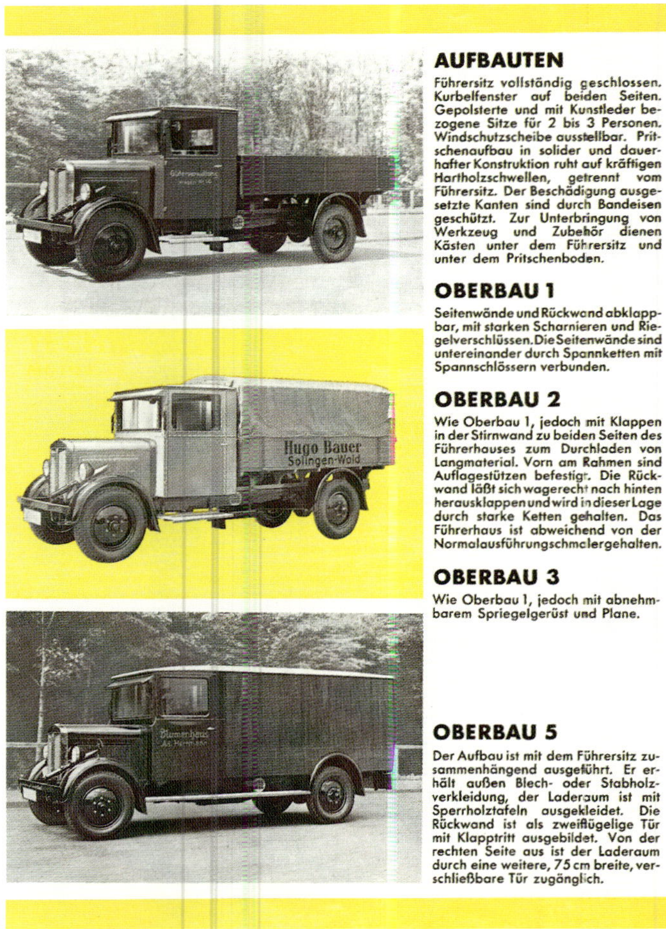

AUFBAUTEN

Führersitz vollständig geschlossen. Kurbelfenster auf beiden Seiten. Gepolsterte und mit Kunstleder bezogene Sitze für 2 bis 3 Personen. Windschutzscheibe ausstellbar. Pritschenaufbau in solider und dauerhafter Konstruktion ruht auf kräftigen Hartholzschwellen, getrennt vom Führersitz. Der Beschädigung ausgesetzte Kanten sind durch Bandeisen geschützt. Zur Unterbringung von Werkzeug und Zubehör dienen Kästen unter dem Führersitz und unter dem Pritschenboden.

OBERBAU 1

Seitenwände und Rückwand abklappbar, mit starken Scharnieren und Riegelverschlüssen. Die Seitenwände sind untereinander durch Spannketten mit Spannschlössern verbunden.

OBERBAU 2

Wie Oberbau 1, jedoch mit Klappen in der Stirnwand zu beiden Seiten des Führerhauses zum Durchladen von Langmaterial. Vorn am Rahmen sind Auflagestützen befestigr. Die Rückwand läßt sich wagerecht nach hinten herausklappen und wird in dieser Lage durch starke Ketten gehalten. Das Führerhaus ist abweichend von der Normalausführungschmalergehalten.

OBERBAU 3

Wie Oberbau 1, jedoch mit abnehmbarem Spriegelgerüst und Plane.

OBERBAU 5

Der Aufbau ist mit dem Führersitz zusammenhängend ausgeführt. Er erhält außen Blech- oder Stabholzverkleidung, der Laderaum ist mit Sperrholztafeln ausgekleidet. Die Rückwand ist als zweiflügelige Tür mit Klapptritt ausgebildet. Von der rechten Seite aus ist der Laderaum durch eine weitere, 75 cm breite, verschließbare Tür zugänglich.

Kleinster Büssing-NAG war der Typ 150 mit 45-PS-NAG-Motor. Der Graphiker Herrmann präsentierte den Kastenwagen vor mittelalterlicher Kulisse. Fleischergesellen mit Stiefeln und Hygienekleidung befüllten den mit gewaltigen Rädern dargestellten Wagen.

Den Aufbau nannte man bei Büssing »Oberbau«. Für jeden erdenklichen Zweck bot Büssing-NAG eine Variante an.

Der Burglöwe Typ 20 mit 45-PS-NAG-Motor, hier mit Aufbau 2. In eindrucksvoller Bildtechnik – Farbfotos standen noch nicht zur Verfügung – entwarf der Graphiker Göritz den Prospekt der B-Serie.

In eine harmonische deutsche Natur- und Dorflandschaft plazierte der Graphiker Göritz den Lastzug mit neuem Gesicht, »das das stolze Bewußtsein zum Ausdruck bringt, daß Büssing-NAG-Wagen für die Zukunft gebaut sind«.

Type	Truck chassis with carrying capacity of 6000 kg	6000 kg Tipper	8000 kg	8000 kg Tipper
Output .... HP	95	95	135/145	135/145
Number of cylinders	6	6	6	6
Cylinder volume .... ltr.	7,4	7,4	13,5	13,5
Fuel consumption norm.: miles per gallon .... abt.	12	12	9,1	9,1
Oil consumption norm.: miles per pint .... abt.	35	35	30	30
Wheelbase .... abt. mm	5000	4200	5300	4600
Total length .... abt. mm	7675	6275	8225	7445
Total width .... abt. mm	2350	2350	2500	2500
Turning radius .... abt. mm	8950	7700	9400	9000
Speed: normal .... [illegible]	36	36	26	26
Speed: with overdrive .... [illegible]	48	48	38	38

All dates, dimensions and [illegible] are given approximately. —

Eindrucksvolle Hafenszene. Aus einem englischsprachigen Prospekt der dreißiger Jahre; Büssing war stark exportorientiert.

Für englische Kunden gestaltete die Werbeabteilung diesen Motoren-Prospekt. In ästhetisch und abgeschlossen wirkendem Aufbau kombinierte der Titel die Drei-, Vier-, Fünf- und Sechszylinder-Aggregate der LD-Baureihe, hinzu kamen die FD- und GD-Versionen.

The working principle of the BÜSSING-NAG Diesel engine:

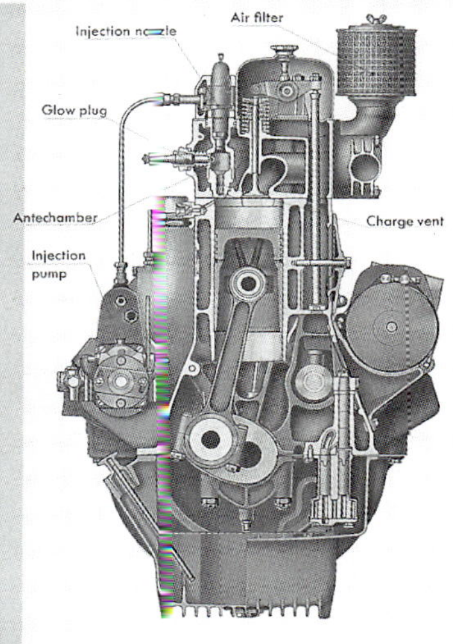

The fundamental difference between the working principle of the BÜSSING-NAG Diesel engine compared with that of a petrol engine consists in the method of feeding fuel to the engine. Whereas in the latter, with the design and working of which the reader is presumed to be acquainted, the fuel atomised by the suction of the carburetter is drawn into the engine together with air, the BÜSSING-NAG Diesel engine takes in only the amount of air necessary for the combustion process, the fuel on the other hand being injected under pressure from a fuel pump in correctly proportioned quantity and at the right moment into the antechambers of the cylinders. Owing to the pressure prevailing in the antechambers an initial combustion of the fuel atomised during injection takes place, whereby a part of the fuel is turned into gases of increasing tension. The contents of the antechamber then flows at high speed through the so-called charge-canal into the combustion chamber proper where it combines and forms an intimate mixture with an abundant supply of aspirated air. As the pressure and high temperature prevailing in the combustion chamber have already initiated the combustion, extraneous ignition is no longer necessary, and the glow plugs which protrude into the combustion chambers are therefore used only for the first starting of the engine from cold. In all other respects the BÜSSING-NAG Diesel engine works exactly like any other 4 stroke engine.

LD 3
40/45 HP

A Diesel engine cannot be economically run unless the quantity of fuel fed and proportioned by the fuel pump to each cylinder is such as can actually be absorbed by the engine. The greater the swept volume of each cylinder, the easier it becomes to proportion the fuel correctly, in other words: unless the requisite minimum swept volume of a cylinder has been provided, satisfactory proportioning of the fuel can no longer be realised. This fact led perforce to the designing of the BÜSSING-NAG 3-cyl. Diesel engine, the cylinders of which have the same swept volume as in the other engines of this series, thus admirably fulfilling the prerequisite conditions for economical working. By introducing this LD 3 type BÜSSING-NAG have placed the proverbial economy of BÜSSING-NAG Diesel engine operation within reach also of the owner of light duty commercial vehicles from 1½ ton upwards.

Type	Output	Cylinders	Stroke	Bore	Volume	Normal engine speed.	Power of Starter
LD 3	40/45 HP	3	130 mm.	110 mm.	37[illegible]0 ccm.	2000 r.p.m.	2·5 HP

LD 4
60/65 HP

The lightweight BÜSSING-NAG 4-cyl. Diesel engine—the oldest of this series—has proved its mettle during many years' service to thousands of satisfied owners. The features it embodies are characteristic of all BÜSSING-NAG engines: sturdy construction, overhead valves in cylinder head, large cylinder volume and comparatively low engine speeds. The four cylinders form a block with detachable head. The antechambers may be dismantled without removing the cylinder head. The light-alloy pistons have a long skirt to ensure steady piston travel. The crankshaft is carefully balanced and runs on hardened journals in five wide bearings. Developping 60/65 HP at 2000/2200 r.p.m. the BÜSSING-NAG 4-cyl. Diesel engine constitutes a suitable unit for trucks of from 3 to 4 metric tons chassis carrying capacity.

Type	Output	Cylinders	Stroke	Bore	Volume	Normal engine speed	Power of Starter
LD 4	60/65 HP	4	130 mm.	110 mm.	4950 ccm.	2000	4 HP

Details zu den Motoren LD 3 und LD 4.

LD 5

70/75 HP

For commercial vehicles with a chassis carrying capacity between 4 and 5 metric tons BÜSSING-NAG have designed, on the same well-known lines of this series, a 5-cyl. Diesel engine developping 70/75 HP at 2000/2200 r.p.m. As the working of a 5-cyl. engine precludes the coincidence of two dead centers, this engine is particularly smooth and steady running. The crankshaft is carried in six bearings. The five cylinders are cast in one piece, as is also the detachable cylinder head.

Type	Output	Cylinders	Stroke	Bore	Volume	Normal engine speed	Power of Starter
LD 5	70/75 HP	5	130 mm.	110 mm.	6170 ccm.	2000	6 HP

LD 6

85/90 HP

The design of the BÜSSING-NAG 6-cyl. Diesel engine corresponds exactly with that of the other engines of this series. Its crankshaft is carried in seven bearings; the six cylinders are cast in one piece, while the detachable cylinder head is in two parts each covering three cylinders. As in the case of the 5-cyl. engine the LD 6 also carries two air filters. The 6-cyl. engine excels in smooth running and great flexibility in power output. The fuel pump and the injection nozzles fitted to this and all other BÜSSING-NAG Diesel engines are Bosch products.

Type	Output	Cylinders	Stroke	Bore	Volume	Normal engine speed.	Power of Starter
LD 6	85/90 HP	6	130 mm.	110 mm.	7400 ccm.	2000	6 HP

Details zu den Motoren LD 5 und LD 6.

Die Mangelsituation der Autarkiepolitik im Dritten Reich zwang zur Verwendung von Holzgas-Anlagen. Der 4,5-t-Büssing besaß einen auf dieses System umgestellen Sechszylinder mit 70 statt 95 PS.

BÜSSING-NAG 4½-Tonner mit Holzgas-Anlage

Seit Jahren schon haben wir uns damit beschäftigt, die Brauchbarkeit des Holzgas-Betriebes zu steigern. Jetzt ist ein Grad erreicht, der ermöglicht, in der Zeit der Rationierung für flüssige Kraftstoffe eine Lücke voll auszufüllen.

Wenn heute der Holzgas-Betrieb eine Notwendigkeit ist, wird er aber immer eine Sparsamkeit im Treibstoff bedeuten.

Die Ersparnisse an Betriebskosten, die sich bei richtiger Anwendung des Holzgas-Betriebes erzielen lassen, sind bedeutend, wenn man die Holzpreise mit dem der flüssigen Treibstoffe vergleicht und berücksichtigt, daß rund 3 kg Holz = 1,25 Liter Benzin oder 1 Liter Dieselöl entsprechen.

Diesen Ersparnissen steht ein geringer Aufwand für Vorbereitungen, Behandlung und Pflege der Gaserzeuger-Anlage gegenüber.

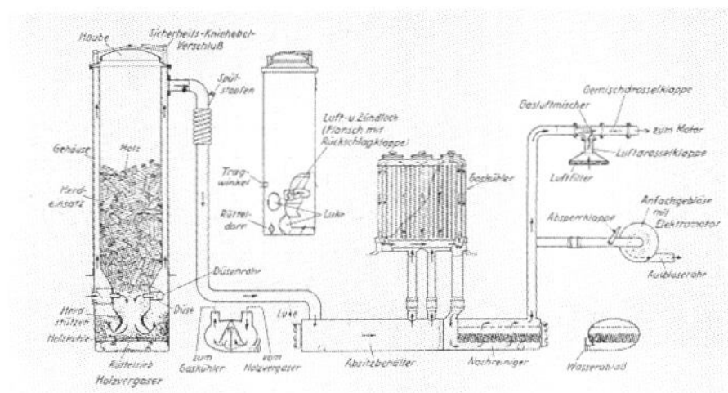

Schema der Holzgas-Anlage

Der Büssing-Schlepper stammte aus dem Erbe der Komnick-Produktion in Elbing. Die Schlepper wurden je nach Einsatzzweck mit Elastik- oder Luftbereifung versehen.

Nur das Leergewicht des Anhängers wurde besteuert, das machte den Einsatz solcher Fahrzeuge für den Spediteur durchaus interessant.

Für die Ausnutzung der vielen Vorzüge des Sattelschleppers — die Wirtschaftlichkeit und die Größe des Nutzraumes ohne Verzicht auf die Wendigkeit — gibt es durch die Verwendung von Anhängern und Spezial-Aufbauten ungezählte Möglichkeiten. Die obenstehenden Bilder zeigen den BÜSSING-NAG Sattelschlepper als Gardinenwagen und als Möbel-Speditionswagen; das untere Bild zeigt den BÜSSING-NAG Sattelschlepper Typ SS mit 60/65 PS Dieselmotor und das dazu gehörige Fahrgestell als Großraum-Omnibus. Die Anhänger des BÜSSING-NAG Sattelschleppers mit ihren Aufbauten ebenso wie die Sattel-Einrichtung werden von leistungsfähigen Spezialfabriken hergestellt

Die Anwendungsbereiche für den Schlepper waren vielfältig. Es gab sogar Bus-Auflieger für den Überlandverkehr.

Der frühe Nachkriegstitel zeigt den Trambus und den auch während des Krieges gebauten 5-Tonner, jene beiden Produkte, die Büssing-NAG 1945 anbieten konnte. Der im Krieg tausendfach gebaute Laster, nach seiner PS-Leistung als »Hundertfünfer« bezeichnet, leistete als Wiederaufbauhelfer (jetzt ohne Allradantrieb) wertvolle Dienste.

Stolz kündigte das Typenblatt 1949 den Siebentonner 7000 S mit dem 150-PS-Motor an. Wenig später folgte der Achttonner. Die Lüftungsstreifen der Nachkriegsfahrzeuge liefen jetzt nach hinten verjüngend aus.

Hier präsentieren sich die 1950er Modelle 5000 S, zugelassen auf die Britische Zone Niedersachsen. Büssing war wieder eigenständig geworden, so daß die Zusatzbezeichnung »NAG« entfiel.

DER BÜSSING-DREIACHS-LASTKRAFTWAGEN MIT UNTERFLURMOTOR

vereinigt die seit den zwanziger Jahren bekannten Vorteile der BÜSSING-Dreiachs-Bauweise
mit den Vorteilen der seit den dreißiger Jahren von BÜSSING entwickelten Unterflur-Bauweise

ERGEBNIS:

1. Ausdehnung der Nutzfläche über die gesamte Wagenlänge (Vergrößerung gegenüber Wagen mit Haubenmotoren rund 20%), dadurch volle Ausnutzung der gesetzlichen Belastungsgrenze auch bei leichtem oder sperrigem Ladegut,
2. unübertrefflich gute Straßenlage, vor allem wertvoll bei Glätte, Schnee und Eis,
3. gleichmäßige Verteilung der Zugkraft auf vier Einzelreifen, daher Schonung der Reifen vor allem bei Gebirgs- und Bauplatzbetrieb mit Anhängern,
4. breite Federspur, da keine Zwillingsreifen, also Verminderung der Seitenschwankungen, vor allem bei hoher Ladung,
5. Erleichterung des Reifenwechsels und des Auflegens von Schneeketten,
6. Schutz des Fahrpersonals vor ermüdenden Einflüssen des Motors (Wärme, Geräusch, Geruch),
7. tiefe Schwerpunktlage,
8. freies Blickfeld des Fahrers (bei Ausfahrten sofortiger Einblick in den Querverkehr),
9. beste Zugänglichkeit aller Antriebsteile,
10. Der in Gummilagern schwingungsfrei gehängte Dieselmotor kann mittels einer fest eingebauten Seilwinde mühelos nach unten ausgebaut werden.

BÜSSING-Dreiachs-Lastkraftwagen mit Unterflurmotor U 13 für den Behälterverkehr, Fahrerhaus mit durchgehender zweiter Sitzbank, Rückenlehne hochklappbar als Schlafgelegenheit.

BÜSSING-Dreiachs-Lastkraftwagen mit Unterflurmotor U 13, Pritschenaufbau mit Hamburger Verdeck, Fahrerhaus mit zwei Schlafkabinen und Kleiderschrank.

Die Übertragung der Last auf die Achsen erfolgt beiderseits durch zwei lange halbelliptische Blattfedern, die am Zapfen schwenkbar sind; dadurch entsteht auf jeder Seite ein schwenkbares Federparallelogramm, und die einzelnen Räder können sich den gröbsten praktisch vorkommenden Unebenheiten der Fahrbahn anpassen. Alle Gelenkstellen dieses Federparallelogramms sind in wartungslosen spielfreien Gummikörpern gelagert. – Ein fünfgängiges handgeschaltetes Getriebe zusammen mit einer durch Druckluft schaltbaren Untersetzungsstufe im Verteilergetriebe ergeben zehn Vorwärtsgänge und zwei Rückwärtsgänge. – Die Lenkung ist mit einer Druckluft-Servo-Einrichtung versehen, dadurch werden die Körperkräfte des Fahrers geschont und die Beherrschung der Lenkung wird auch für den Fall schwerster Beanspruchungen z. B. bei Reifenpannen gesichert. – Druckluft-Oldruck-Vierradbremse, Betätigung durch Fußhebel, Lieferung der Bremskraft durch Druckluft, Verteilung der Bremskraft auf alle sechs Räder durch Oldruck. Als Haltebremsen dienen zwei voneinander unabhängige Getriebebremsen.

Büssing Unterflur-Dreiachser liefen auch im Dienst der Deutschen Bundesbahn.

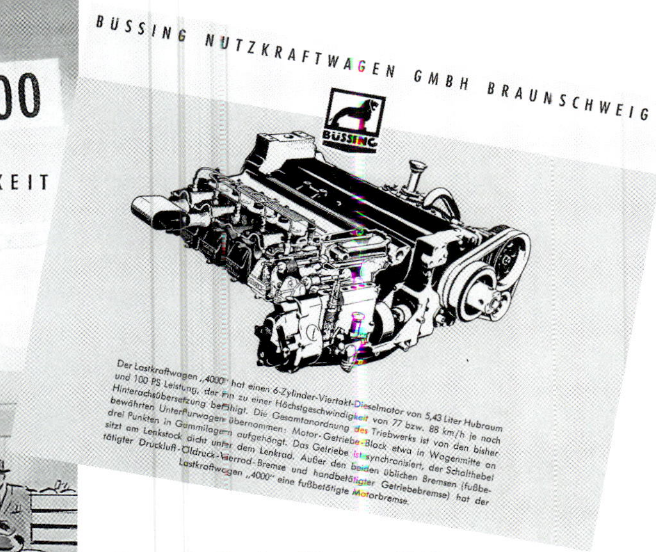

Prospekt für den Büssing 4000 mit der Herausstellung der technischen Raffinessen des kleinen Frontlenkers.

1

2

Ob als Hauber oder als Frontlenker: Einen Büssing einzusetzen, war immer eine gute Entscheidung.

MÖBELKOFFER-AUFBAUTEN

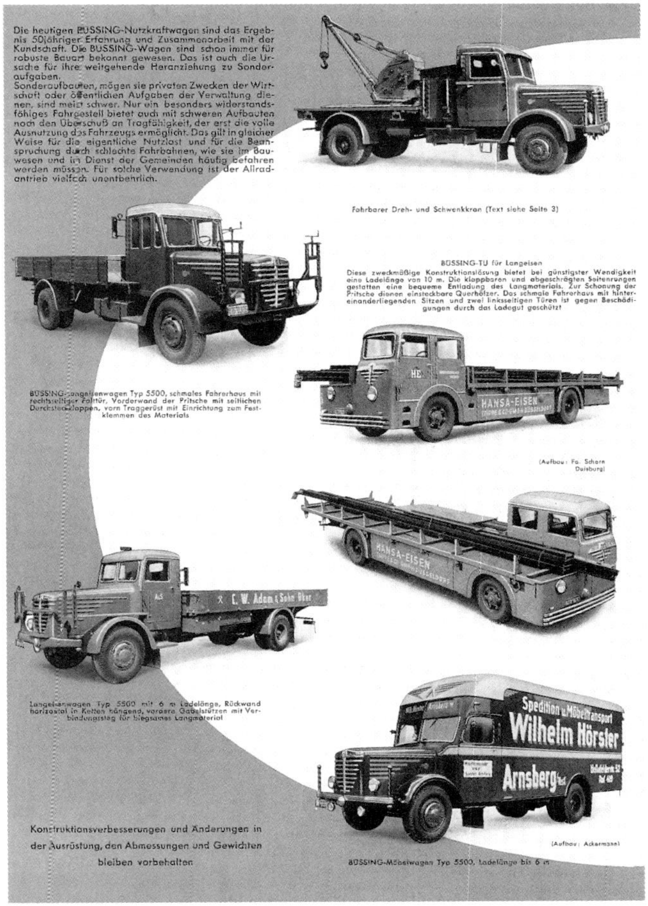

Die heutigen BÜSSING-Nutzkraftwagen sind das Ergebnis 50jähriger Erfahrung und Zusammenarbeit mit der Kundschaft. Die BÜSSING-Wagen sind schon immer für robuste Bauart bekannt gewesen. Das ist auch die Ursache für ihre weitgehende Heranziehung zu Sonderaufgaben.

Sonderaufbauten, mögen sie privaten Zwecken der Wirtschaft oder öffentlichen Aufgaben der Verwaltung dienen, sind meist schwer. Nur ein besonders widerstandsfähiges Fahrgestell bietet auch mit schweren Aufbauten noch den Überschuß an Tragfähigkeit, der erst die volle Ausnutzung des Fahrzeugs ermöglicht. Das gilt in gleicher Weise für die eigentliche Nutzlast und für die Beanspruchung durch schlechte Fahrbahnen, wie sie im Bauwesen und im Dienst der Gemeinden häufig befahren werden müssen. Für solche Verwendung ist der Allradantrieb vielfach unentbehrlich.

Fahrbarer Dreh- und Schwenkkran (Text siehe Seite 3)

BÜSSING-TU für Langeisen
Diese zweckmäßige Konstruktionslösung bietet bei günstigster Wendigkeit eine Ladelänge von 10 m. Die klappbaren und abgeschrägten Seitenrungen gestatten eine bequeme Entladung des Langmaterials. Zur Schonung der Pritsche dienen einsteckbare Querhölzer. Das schmale Fahrerhaus mit hintereinanderliegenden Sitzen und zwei linksseitigen Türen ist gegen Beschädigungen durch das Ladegut geschützt

BÜSSING-Langeisenwagen Typ 5500, schmales Fahrerhaus mit rechtsseitiger Falttür, Vorderwand der Pritsche mit seitlichen Durchsteckklappen, vorn Traggerüst mit Einrichtung zum Festklemmen des Materials

(Aufbau: Fa. Schorn Duisburg)

Langeisenwagen Typ 5500 mit 6 m Ladelänge, Rückwand horizontal in Ketten hängend, vordere Gabelstützen mit Verbindungssteg für biegsames Langmaterial

Konstruktionsverbesserungen und Änderungen in der Ausrüstung, den Abmessungen und Gewichten bleiben vorbehalten

(Aufbau: Ackermann)

BÜSSING-Möbelwagen Typ 5500, Ladelänge bis 6 m

Im 50. Jahr des Bestehens des Werkes setzte der Graphiker einen stolzen Kapitän der Landstraße mit Schirmmütze in das Fahrerhaus des 6000er. Die Peilstangen waren beim Hauber eine notwendige Manövrierhilfe.

Der BÜSSING-Allradantrieb

verteilt die Zugkraft entsprechend den Achsdrücken auf alle 4 Räder,
beherrscht dadurch jedes überhaupt noch befahrbare Gelände und
schützt die Reifen vor gewaltsamer Zerstörung beim Durchdrehen einzelner Räder.

Darum ist der BÜSSING-Allradwagen der gegebene Wagen
für die Erschließung von Landschaften kolonialen Charakters,
für den Straßen- und Eisenbahnbau in unwegsamen Gebieten,
für die Schaffung neuer Verkehrsverbindungen über Gebirgszüge,
für Bau-, Sand-, Steinbrücher- und Kiesgruben-Betrieb,
für Land- und Forstwirtschaft und
für die Schneeräumung

BÜSSING Typ 6000 Allrad in Süd-Rhodesien:
Seine Leistung hat sich auch unter den schwierigsten Bedingungen als außergewöhnlich hoch erwiesen.

Büssing war mit seinen Schwerlastern wieder gut im Geschäft. In Steinbrüchen, auf Baustellen und im Fernverkehr waren die robusten Braunschweiger Fahrzeuge sehr beliebt.

Unter einen gigantischen Bagger setzte die Werbung den Typ 6000 S mit dem Kennzeichen der amerikanischen Zone Hessen. Auch den Unterflur-Frontlenker führte Büssing in das Baugewerbe ein.

Ein letztesmal verbesserte Büssing 1954 den bewährten Haubenlastwagen aus der Vorkriegszeit. Blinker auf den Stoßstangen ersetzten jetzt die Winkerarme.

Typ 7500 ein neues Glied einer bewährten Kette!

Aus den Ergebnissen werkseigener Entwicklungsarbeit schufen unsere Ingenieure einen Lastkraftwagen, der sich mit seiner starken Leistung und robusten Widerstandskraft schnell Freunde erwerben wird. – Für den BÜSSING Lastkraftwagen Typ 7500 sind serienmäßig zwei verschiedene Ausführungen vorgesehen:

- Für eine Nutzlast von 7750 kg mit 5,5 m Ladelänge und 5350 mm Radstand.
- Für eine Nutzlast von 7650 kg mit 6 m Ladelänge und 5600 mm Radstand.
- Es stehen außerdem Fahrgestelle für Kipp-Aufbauten mit einem Radstand von 4800 mm und für Sattelschlepper mit einem Radstand von 4000 mm zur Verfügung.

Rahmenlängsträger in Höhe, Breite und Stärke, Achsschenkel, Achsbolzen, Vorderradmittelstück, Vorderrad-Lagerung, Lenkstoß- und Lenkspurstange sowie die Federung wurden nach neuesten

technischen und wissenschaftlichen Erkenntnissen entwickelt. Sie gewährleisten durch die Güte des verarbeiteten Materials und genau errechnete Dimensionen auch bei ständiger schwerer Belastung einen reibungslosen Fahrbetrieb.

Eine nach dem Muster unseres tausendfach bewährten Trambusses 6000 T konstruierte Lenkung gibt dem Fahrer ein bewegliches und wendiges Fahrzeug in die Hand.

Wie alle BÜSSING Lastkraftwagen hat der Typ 7500 eine kombinierte fußbetätigte Druckluft-Öldruck-Vierradbremse. Sie bedarf praktisch keiner Wartung. Automatische Nachstell-Vorrichtungen regeln das erforderliche Spiel zwischen Bremstrommel und Bremsbacke. Neben der üblichen handbetätigten Getriebebremse sorgt die fußbetätigte Motorbremse für ein Höchstmaß an Sicherheit.

Die Motorhaube hat eine nach hinten verbreiterte Form erhalten. Die Kotflügel sind der modernen Haube angepaßt.

Der Motor S 10 wurde aus unserem Unterflur-Dieselmotor U 10 entwickelt. Er hat 118 mm Bohrung und 150 mm Hub, also einen Hubraum von 9842 ccm. Er leistet bei 2000 U/min 150 PS.

Wie alle BÜSSING Motoren ist er ein 6-Zylinder-Viertakt-Diesel.

Die Verbrennung erfolgt nach dem bewährten BÜSSING Verfahren. Vorkammern mit gesteuerter Wirbelbildung geben leise und weiche Verbrennung ohne Klopfen und Nageln, verhindern Verkrustung und gewährleisten auf die Dauer vollkommene Ausnutzung bei allen Kraftstoffen.

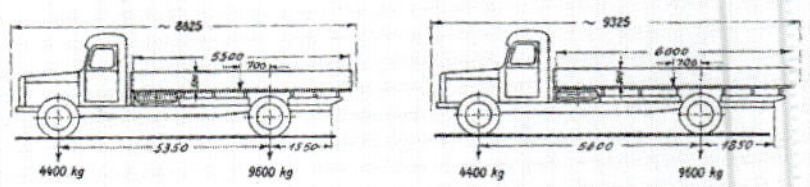

Die Angaben verstehen sich mit den üblichen Toleranzen. Änderungen vorbehalten.

BÜSSING NUTZKRAFTWAGEN GMBH BRAUNSCHWEIG

Der neuentwickelte, kleinvolumige Motor leistete jetzt 150 PS.

Als Lkw der Zukunft konnte Büssing den Typ 7500 anpreisen. Der Unterflur-Diesel war eine ideale, wenn auch teure Lösung.

The introduction of the underfloor design on the truck sector opened new ways and means for the styling and equipment of the driver's cabin. Placing of the engine "under the floor" removed disagreeable effects (noise, fume, heat) from the cab. The total chassis basis is free for its proper use; this makes possible the design of a very spacious and homely equipped driver's cab without loosing any loading space.

The outer lines of the driver's cab correspond to the well-known modern trambus style of our underfloor engined trucks. The windscreen is an one-piece frame divided vertically in the centre, both sections being permanently fixed. Twin panel windscreens of large and curved area afford excellent all-round vision. The driver seated close to the windscreen has a perfect control of the traffic. The spacious cabin offers comfortable accomodation for 3 persons with adjustable driver's seat. Two doors: of which the right one is a bolted door, whereas the left one is a locking door, both with crankoperated windows. Series equipment: Interior lighting, 2 wipers and 2 rear view mirrors.

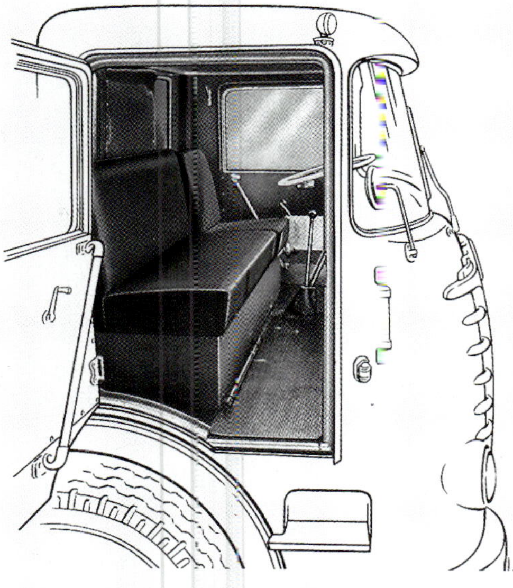

Dieser englischsprachige Prospekt zeigt die für die damalige Zeit ungewöhnliche Frontlenker-Allradausführung. Nur Henschel und Krupp konnten ebenfalls mit solchen Modellen aufwarten, die allerdings innenstehende Motoren besaßen.

Ein weit verbreiteter Lkw war der LU 7. Die Fahrerhauskonstruktion vor der Vorderachse erforderte – entgegen den geltenden Vorschriften – eine hinten angeschlagene Tür, um einen passablen Einstieg zu ermöglichen.

BÜSSING MIT MEILLER-KIPPER

Auch mit Kippaufbauten der Münchner Firma Meiller stattete Büssing die Nutzfahrzeuge aus. Das Baugewerbe hatte damals einen großen Bedarf an Kippern mit Holz- und Stahlpritschen sowie mit Mulden, die mit einem Steinschlagschutz versehen waren.

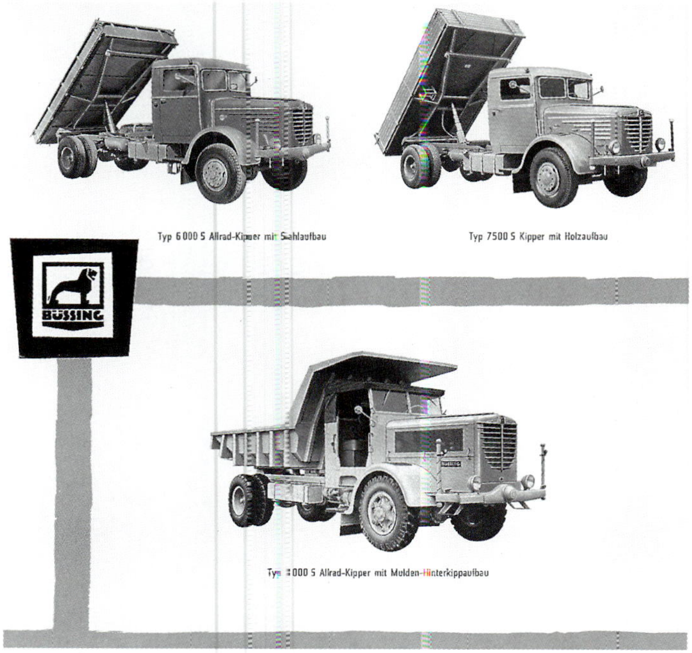

Mit Mehrzweckfahrzeugen für die Bekämpfung von Bränden und für den Einsatz bei »Aufständen und Tumulten« rüstete Büssing Polizeidirektionen aus. Gegen Steinwurf waren die Mehrschichtglasscheiben des Wasserwerfers mit Drahtgittern geschützt. Die Wurfweite bei 15 atü lag treffsicher bei beachtlichen 71 Metern!

Bauunternehmen im In- und Ausland wurden auf den Büssing-Allrad-Lastwagen angesprochen, nachdem das Werk bei der Neuausrüstung der Bundeswehr nur mit einigen Amphibien-Fahrzeugen und Omnibussen zum Zuge gekommen war.

LS 7

Von den Schell-Typenbezeichnungen der Vorkriegszeit gingen die Braunschweiger Mitte der 50er Jahre ab. Die Bezeichnung LS 7 stand für den Lkw mit stehendem 7-Liter-Motor.

Die beiden Kapitäne der Landstraße werden 1958 in ihrem LU 11 vom Chef und vom Lademeister auf die Fahrt geschickt. Der damaligen Mode entspricht das Outfit des Unternehmers…

Wir bieten kraft der einzigartigen Vorteile der Unterflurbauweise, bei äußerster Längen- und Gewichtsbeschränkung Beförderungsleistungen, die bei anderen Bauarten nur mit größerem Aufwand bewältigt werden können.

Die Richtigkeit unserer eigenen Entwicklungsarbeit ist durch die heute bestehende weite Verbreitung der Unterflurbauweise sowohl im europäischen als auch im überseeischen Ausland seit langem bestätigt. Namhafte Firmen der Automobil-Industrie in aller Welt stellen seit vielen Jahren auf den großen Ausstellungen ständig neue Konstruktionen von Fahrzeugen mit Unterflurmotor den interessierten Fachkreisen vor.

Im unwegsamen Gelände, in Baugruben und auf schlechten Straßen haben BÜSSING Fahrzeuge mit Unterflurmotor ihre ausreichende Bodenfreiheit auch für solche Sondereinsätze hinreichend bewiesen.

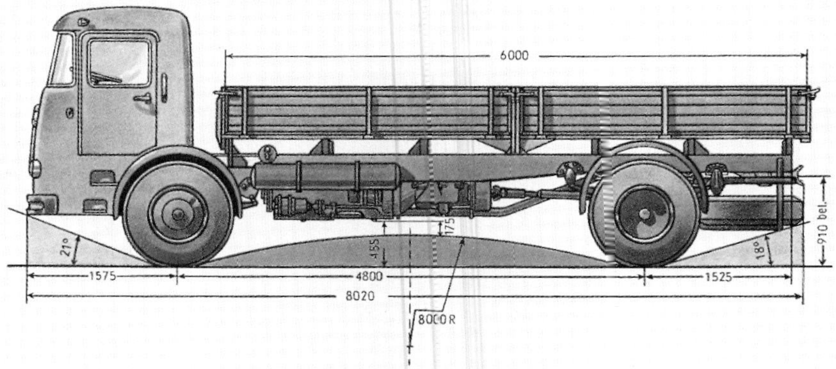

Als »Nachkomme für den unvergessenen Vorfahren«, den Hundertfünfer, entstand der LS 5, »modern, weil leicht und wirtschaftlich«. Mit den Maßen und Gewichten entsprach der 115 PS starke Lkw den neuen Vorschriften.

8400 kg und 7490 kg zulässiges Gesamtgewicht Unterflurmotor 110 PS Pritschenwagen und Kipper
9150 kg Sattelschlepper
10200 kg

Mit dem Slogan »Burglöwe, ein Name von gestern, ein Fahrzeug von heute« knüpfte 1959 der LU 55 an die erfolgreichen Büssing-NAG-Lastwagen der 30er Jahre an. Bei 3600 kg Eigengewicht konnte der 110 PS starke Wagen 4800 kg befördern.

»Burglöwe« — ein Name von gestern, ein Fahrzeug von heute

Unter der Bezeichnung seines berühmten Vorgängers aus den dreißiger Jahren bietet BÜSSING heute einen Lastwagen, der alle an ihn gestellten Forderungen erfüllt. Er ist leicht, wendig und schnell. Durch das Fünfgang-Synchrongetriebe wird die Motorleistung voll ausgenutzt. Schnelles, leichtes Schalten gewährleistet auch in schwierigen Situationen sichere Fahrt.
In der Ausführung mit einem zulässigen Gesamtgewicht von 7490 kg ist er für den Sonntagsverkehr geeignet. Der Pritschenwagen kann in allen Ausführungen mit dem Führerschein Klasse 3 gefahren werden, wenn dieser vor dem 1. 9. 1953 ausgestellt wurde.

Ein bewährter, kraftvoller Unterflurmotor von 110 PS

Wenn von Unterflurmotoren gesprochen wird, denkt man zuerst an BÜSSING. Seit 1936 tausendfach bewährt, ist diese Konstruktion längst ausgereift und zu einem festen Begriff geworden. Ob in Europa oder in Übersee, überall werden diese Sechszylinder-Diesel mit ihren bekannten Eigenschaften – große Kraftentfaltung, Wirtschaftlichkeit, lange Lebensdauer – besonders geschätzt.
Auch der Burglöwe LU 55 ist mit einem dieser erprobten Motoren ausgerüstet.

Ein Fahrerhaus, in dem man Erster Klasse fährt

Der Motor ist der gute Kamerad des Kraftfahrers. Aber selbst der beste Diesel verursacht Geräusche. Außerdem beansprucht er kostbaren Raum. Das Fahrerhaus des LU 55 ist frei von Motoreinbauten und Dieseldunst; es bietet drei Personen bequeme Sitzplätze. Vom Motor ist nicht mehr zu hören als in einem Personenwagen der Mittelklasse.

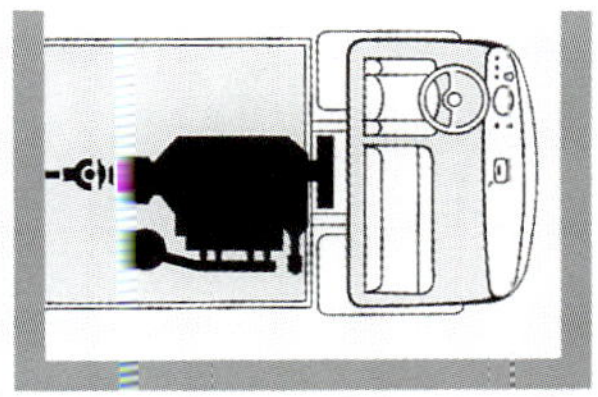

Die Ausführungen des LU 55 Burglöwe:

Pritschenwagen		Kipper	
Radstand	zul. Gesamtgewicht	Radstand	zul. Gesamtgewicht
3400 mm	8400 kg	3400 mm	8400 kg
3700 mm	8400 kg		
3400 mm	7490 kg		
3700 mm	7490 kg		

Die Fahrzeuge können auch mit folgendem Gesamtgewicht geliefert werden:

Pritschenwagen	9150 und 10200 kg
Kipper	9050 und 9900 kg
Sattelschlepper	5350 kg Auflagelast

Weitere technische Angaben bitten wir unseren Typenblättern zu entnehmen
Änderungen vorbehalten

Die Pflege und der Aus- und Einbau des Unterflurmotors ist leichter und schneller möglich als bei jeder anderen Bauart. Hierdurch kann er öfter und besser gewartet werden.

Beste Verkehrsübersicht ist eine der wichtigsten Voraussetzungen für die Verkehrssicherheit. Die Panoramascheibe des LU 55 gibt den Blick nach den Seiten und vor allem direkt vor das Fahrzeug frei.

Das Verhältnis Leergewicht – Nutzlast entspricht den Forderungen nach hoher Wirtschaftlichkeit.

Dieses Diagramm zeigt die Zugkraft an der Hinterachse und die Geschwindigkeiten in den fünf Vorwärtsgängen. Zugrundegelegt ist die Übersetzung 1:4,86.

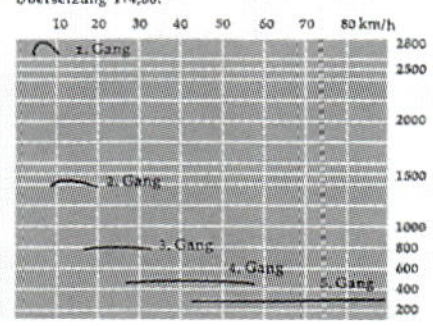

Commodore Typ LS 11/16 F (Radstand 3 600 mm) in Frontlenker-Bauart. Trambus-Fahrerhaus mit einer fest eingebauten Schlafliege. Brutto-Sattellast ca. 9 840 kg. Tanksattelanhänger mit 16-t-Doppelachs-Aggregat. Tankfassungsvermögen 24 000 l, Tankaufbau aus Stahl, mit 4 Kammern.

Supercargo LS 77 F (Radstand 3 000 mm) in Frontlenker-Bauart. Trambus-Fahrerhaus Ausführung A mit 2 Einzelsitzen. Brutto-Sattellast ca. 7 550 kg. Sattelanhänger Rahmenbauart, mit Leichtmetalltank in Kofferbauform mit Isolierung. Fassungsvermögen 12 500 l; Leergewicht 6 300 kg; Nutzlast 12 800 kg.

Commodore Typ LS 11/16 F (Radstand 3 600 mm) in Frontlenker-Bauart. Trambus-Fahrerhaus mit einer Schlafliege. Brutto-Sattellast ca. 9 840 kg. Sattelanhänger freitragend. Zweikammer-Tank aus V-2-A-Stahl, mit Isolierung und Ummantelung aus Alublech, gespiegelt. Fassungsvermögen: 23 000 l; Leergewicht ca. 6 700 kg. Nutzlast ca. 19 100 kg.

Eine vielfältige Palette an Sattelschleppern mit den Baureihen Burglöwe, Supercargo und Commodore (auch als Hauber) mobilisierte mit 126, 145 und 192 PS eine Reihe von Kasten-, Silo-, Tank-, Tiefkühl-, Pritschen-, Schüttgut- und sogar Omnibus-Auflieger.

Mit einem Nutzlastfaktor von 1 zu 1,73 war der LU 7/14 (7-Liter-Motor, 14 Tonnen Gesamtgewicht) ein besonders leistungsfähiges Fahrzeug für den Güternahverkehr. Skeptische Bauunternehmer wies man auf die geringe Kippgefahr durch den Unterflurmotor hin.

Die tiefe Schwerpunktlage bei der Unterflurbauart verhindert die Kippgefahr in stark unebenem und hügeligem Gelände. Die nachteilige Kopflastigkeit besteht bei Unterflurfahrzeugen nicht.

Der Unterflur-Dieselmotor läßt sich bequem ein- und ausbauen, er ist leicht und schnell zu pflegen – dadurch zeitsparende und bessere Wartung.

In Kiesgruben, im Straßenbau und auf Großbaustellen – kurz gesagt – Kippfahrzeuge müssen für härteste Beanspruchung gebaut werden. Der BÜSSING Schwerlastkipper COMMODORE LS 11/16 ist das Ergebnis von Jahrzehnten technischer Erfahrung und fortschrittlicher Konstruktion. Moderne BÜSSING Baustellenfahrzeuge sind bei größter Wirtschaftlichkeit zuverlässig, schnell und auch unter extremen Arbeitsbedingungen einsatzfähig. Dieses Kippfahrzeug wird für viele Einsatzformen in mehreren Varianten nach dem Baukastenprinzip gebaut unter Verwendung gleicher Bauelemente und Aggregate. In größeren Fuhrparks wird dadurch eine beachtliche Senkung der Unterhaltskosten erreicht. Der COMMODORE hat einen geringen Kraftstoffverbrauch bei hoher Motorleistung, einen soliden Rahmen mit robustem Fahrwerk und löst im Solo- oder Anhängerbetrieb jede Transportaufgabe. Kurze Fahrzeiten, schnellen Umschlag und hohe Nutzlast garantieren hohe Tonnenkilometer-Leistungen und Rentabilität. Der starke Motor und gut abgestimmte Getriebe- und Hinterachsübersetzungen ergeben das enorme Steigvermögen. Die Lenkung – eine ZF Spindel-Hydro-Ausführung – erfordert geringen Kraftaufwand.
Drei voneinander unabhängige Bremsen geben absolute Sicherheit. Die hydraulische Innenbacken-Bremse mit Einkammer-Druckluftvorspann und automatischer Nachstelleinrichtung erlaubt feinfühliges Bremsen. Die Handbremse ist eine feststellbare mechanische Triebwerksbremse. Die Motorbremse wird elektro-pneumatisch über einen Fußschalter betätigt.
Das moderne Ganzstahlfahrerhaus bietet drei Personen Platz. Durch die Rundumverglasung kann der Fahrer das Be- und Entladen leicht überwachen. Es gibt fast keine toten Winkel mehr. Dies ist eine große Erleichterung für das Fahrpersonal. Eine Heizung mit Frischluftgebläse sorgt für gute Belüftung bei jeder Witterung.
Der COMMODORE wird für Spezialaufbauten als Fahrgestell und als Sattelschlepper geliefert und kann für besondere Zwecke Luftfederung an der Hinterachse erhalten.

Die Frontlenker- und Hauben-Baureihe Commodore LS 11/16, also mit stehendem 11-Liter-Motor und 16 t Gesamtgewicht, stellte eine fortschrittliche Konstruktion von Baustellenfahrzeugen dar. Die Werbung versprach ein enormes Steigvermögen.

Einen »überzeugenden Beweis für die Wirtschaftlichkeit der Unterflurbauart« stellte der Büssing Supercargo 22-150 als Decklaster dar. Doch blieb dieses Transportsystem mit der Ladeetage über der gesamten Fahrzeuglänge mit 150-PS-Motor, vorderer Doppelachse und Automatikgetriebe ein Einzelfall.

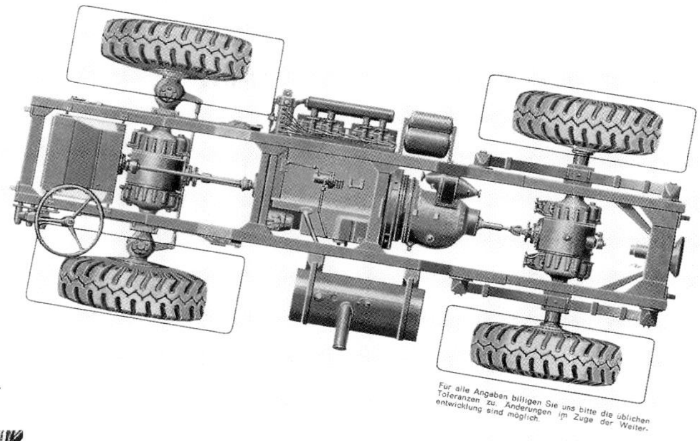

BÜSSING

Burglöwe Universal

Ein Allrad-Fahrgestell mit Unterflurmotor für vielfältige Verwendungszwecke

Der Burglöwe Universal mit 126-PS-Unterflur-Diesel mit Allradantrieb, zweifach hochgekröpftem Rahmen und Portalachsen war als Spezialfahrzeug für vielfältige Verwendungszwecke konstruiert. Büssing wollte damit mit der Bundeswehr ins Geschäft kommen und gegen den Unimog antreten.

Das Vertrauen zum Löwen aus Braunschweig blieb stets doppelgleisig: Während das Werk den Unterflur-Frontlenker durchboxen wollte, vertraute ein Teil der Kundschaft weiterhin auf den traditionellen Hauben-Sattelschlepper.

Commodore mit 192-PS-Dieselmotor in Frontlenkerbauart, Trambusfahrerhaus A. Vidal-Kohlentrimmer-Sattelanhänger, selbsttragend, Förderband unter dem trichterförmigen Aufbau, zweites Förderband horizontal und vertikal schwenkbar, beide motorhydraulisch angetrieben. Ladekapazität 24 cbm gestrichen, 27 cbm gehäuft.

Commodore mit 192-PS-Dieselmotor in Frontlenkerbauart. Selbsttragender Aurepa-Tank-Sattelanhänger für Benzin, Diesel oder Heizöl, Heckschrank-Ausführung, hydraulischer Pumpenantrieb. Nenngröße 26 000 Liter, effektiv 27 000 Liter.

Mit und ohne Allradantrieb bewältigten die Haubenkipper Burglöwe und Commodore sowie der dreiachsige Frontlenker Commodore FK 3 den Baustellenverkehr. Stehend eingebaute Dieselmotoren mit 132 bzw. 192 PS gaben ihnen die Kraft.

Motor S 7
eingestellt auf 132 PS

Wir bauen ausschließlich Sechs-Zylinder-Dieselmotoren. Alle arbeiten nach dem von uns entwickelten Wirbel-Vorkammerverfahren.
Die nassen, auswechselbaren Zylinder-Laufbüchsen ersparen den vorzeitigen Motorwechsel.
Unsere stehenden Diesel sind unseren Unterflurmotoren in Kraft und Ausdauer ebenbürtig und im konstruktiven Aufbau weitgehend gleich. Sie laufen ruhig und gleichmäßig wie ein Uhrwerk nutzen ihren Kraftstoff gut aus und gehen sparsam mit Ihrem Geld um.
Ob sie im Fernverkehr Kilometer herunterschnurren oder auf der Baustelle schnell wechselnden Anforderungen genügen müssen — immer passen sie sich jeder Situation schnell an. Davon zeugen die vielen hohen Kilometerleistungen im praktischen Fahrbetrieb.

Immer wieder warb Büssing für die Baustellen-Kipper Burglöwe, Supercargo und Commodore mit Unterflur-Diesel. Skeptische Bauunternehmer wollte man auch hier mit der ausgeglichenen Achslastverteilung und der hohen Kippstabilität überzeugen.

Unterflurmotor U 5/126 PS

Burglöwe 65 vor österreichischer Alpenlandschaft 1964. Der Arbeitsplatz war für drei Männer mit Blaumann, Schirmmütze, Bild-Zeitung, Thermoskanne und kräftigen Muskeln ausgelegt.

Kompromißlos setzte Büssing auch bei den Dreiachs-Baustellenkippern Commodore 22-210 auf das Unterflurprinzip. Hier war der 210-PS-Diesel vor der Vorderachse angeordnet. Der Formgestalter Louis L. Lepoix hatte das eindrucksvolle Fahrerhaus entworfen.

Wieder eine neue Konzeption des Verteiler-Lkw stellte der einzelbereifte Burglöwe 09-110 dar. Das vollverglaste »Fahrercoupé« nach der Lepoix-Konzeption bot einerseits bequeme Einstiegs-, andererseits Durchfahrtsmöglichkeiten für niedrige Toreinfahrten.

Weil Büssing im unteren Lkw-Segment nicht vertreten war, vertrieb die Münchener Büssing-Zentrale – wie auch MAN in Zusammenarbeit mit Saviem – die OM-Schnellaster 35, 40 und 50 unter (hier hineinretuschiertem) Büssing-Schriftzug.

Koffer-und Kastenaufbauten für Großraumtransporte auf BÜSSING Fahrgestellen mit Unterflur-Dieselmotor

Brieftauben-Kabinen-Expreß
Aufbau Niggemeyer
Radstand 5000 mm
Fassungsvermögen 5000 Brieftauben

Staufen Möbelwagen-Aufbau
mit verlängerter Fahrerkabine
Ladelänge 7200 mm
Radstand 5000 mm

Mit integrierren Aufbauten von Ackermann, Eylert, Kässbohrer und Staufen auf Büssing-Trambus-Fahrgestellen waren diese Kastenwagen ein beliebtes Transportmittel für Möbel, Nahrungs- und Genußmittel, Musikgeräte – oder 5000 Brieftauben.

Supercargo 14–185 Lastkraftwagen der moderne 14-Tonner mit Unterflur-Dieselmotor

Eine Ausstattung,
wie sie sich Ihre Fahrer wünschen:
Hydraulisch gedämpfte, gefederte Sitze
für Fahrer und Beifahrer,
Rundumverglasung,
Kurbel- und Drehflügelfenster,
Dachentlüfter,
2 Sonnenblenden mit je einem
Ablagenetz dahinter,
1 großes, verschließbares Ablagefach.
Beifahrer-Haltegriff,
2 Außen- und 1 Innenspiegel,
Scheibenwaschanlage,
3 Scheibenwischer,
Warmwasserheizung mit Gebläse,
Warmluftdüsen für den Fußraum.
In der Ausführung mit Schlafliegen:
1 Halter für Thermosflaschen,
1 Fach für den Werkzeugkasten,
1 Kleiderschrank.
Auf Wunsch gegen Mehrpreis:
Zweiter Beifahrersitz,
Armlehnen und Kopfstützen dazu

Bordwandverschlüsse sollen ohne Hammer zu öffnen sein. Diese gehen leicht, sind flach und deshalb nicht unfallträchtig.

Ein weiterer Beitrag zur »Entschärfung« des Fahrerhauses: Die Batterien liegen dort, wo sie nicht stören — unterflur.

Kotflügel, die nie rosten, die jeden Knuff vertragen: Aus einer besonders entwickelten Gummiqualität.

Ein Standardfahrzeug im Fernverkehr war der Supercargo 14-185 als 14-Tonner. Hier warb Büssing damit, daß »am liebsten der Chef ihn selbst fährt.«

Kipper + Allradkipper

Mit 126 und 185 PS war Büssing im Kippermarkt mit den Frontlenkertypen BS 11 K und 14 K, die sich durch ihr Komfort-Fahrerhaus auszeichneten, vertreten. Im 16-Tonnen-Bereich standen 1967 noch die älteren Frontlenker- und Haubentypen Commodore UK und SK zur Verfügung.

BÜSSING

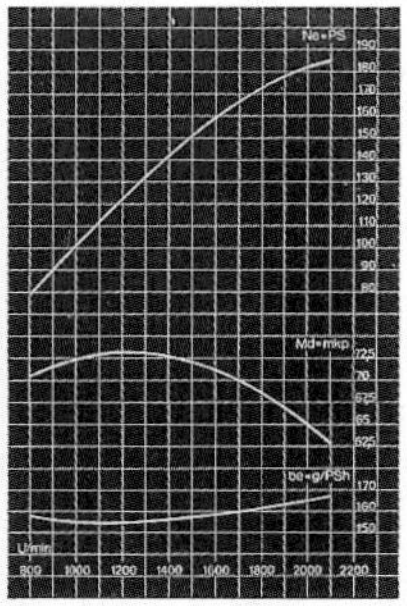

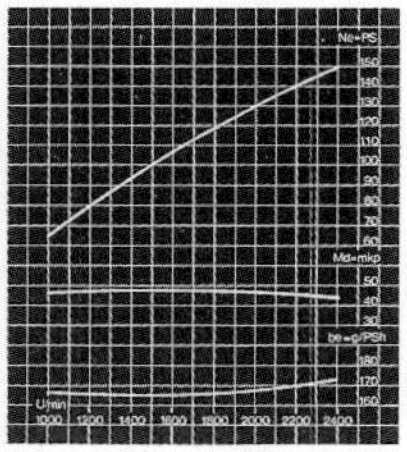

BÜSSING Motoren
sparsam und betriebssicher

Obwohl Büssing nur noch auf den Unterflur-Diesel setzen wollte, bot das Werk den Frontlenker-Kipper mit stehendem Motor an, erkenntlich am Kühlergitter im Frontbereich.

Allradkipper BS 14 AK

Ein 14-Tonnen-Allradkipper mit absoluter Spitzenleistung in Technik und Ausstattung:
Die Fahrzeuglänge von nur 6300 mm und der Radstand von nur 3300 mm sind auffallend kurz. Dagegen sind die 4 m lange Kippbrücke und seine Nutzlast von 7900 kg ungewöhnlich groß. Die Wendigkeit (Wendekreis 14,9 m) und die Sichtmöglichkeiten (Frontlenkerfahrerhaus) sind in der Fahrzeugklasse einmalig. Die Ausrüstung mit 2 Differentialsperren (in Vorder- und Hinterachse), lastabhängiger Bremskraftregelung, Drehstrom-Lichtmaschine, Federspeicher-Handbremse und dem Komfort-Fahrerhaus unterstreichen die Exklusivität des BS 14 AK.

Die serienmäßigen Stoßdämpfer an Vorder- und Hinterachse und die Hydrolenkung sind weitere Merkmale für sein ausgezeichnetes Federungs- und Fahrverhalten. Der BS 14 AK ist das Fahrzeug, das alle Materialtransporte auch unter sehr hohen Schwierigkeitsgraden im Gelände zuverlässig ausführt. Die Lagerung seines Kippaufbaus in wartungsfreien Gummibuchsen vermeidet Zwangsverspannungen gegenüber dem Fahrzeugrahmen.

Der Motor ist der sparsame 150-PS-Direkteinspritzer S 7 D. Durch den ausgeglichenen Drehmomentverlauf (max. 48 mkp bei 1400 U/min) ist er sehr elastisch und durchzugsfreudig.

Kipper BS 14 K: Nutzlast 7900 kg, 185-PS-Unterflurmotor mit 11,6 Liter Hubraum.

Kipper BS 14 K

Ein 14-t-Kipper mit der hohen Nutzlast von 7900 kg. Seine große Ladefläche (4500 mm × 2300 mm) von 10,35 m² gewährleistet breite Einsatzmöglichkeiten für alle vorkommenden Schüttgüter. Bei einem Gesamtgewicht von 14,8 t steigt er bis 36,9 %, mit Anhänger (30,8 t Gesamtzuggewicht) bis 15,8 %.
Die technische Ausrüstung erfüllt alle Erfordernisse der Praxis:
Der großvolumige, sparsame 185-PS-Unterflurmotor (11,580 Liter Hubraum) mit Direkteinspritzung hat ein max. Drehmoment von 72 mkp. Das höchste in dieser Klasse. Die serienmäßige Hydrolenkung, Zweikreisbremse, hydraul. Kupplungsbetätigung und die Federspeicher-Handbremse sind weitere Kennzeichen der überdurchschnittlichen Ausstattung. Auf Wunsch Differentialsperre in der Hinterachse. Die Transportleistung des BS 14 K ist besonders hoch im Hängerbetrieb.

Wie bei jedem BÜSSING – hervorragende Sicht nach allen Seiten durch Rundumverglasung.

Pritschenwagen BS 11 L mit 6350 kg Nutzlast und 7,50 m Pritschenlänge. 80 bis 90 km/h lief das 5,9-Liter-Fahrzeug (126 PS) mit 5-Gang-Synchrongetriebe.

11-15t

Wenn das Fahrgestell stimmt, stimmt auch der Aufbau.

Die Aufbaulänge ist zunächst einmal eine Frage Ihrer besonderen Transportverhältnisse.
Eine Frage des Ladeguts.
Eine Frage der Transportwege.
Eine Frage Ihres Betriebes.
Sprechen Sie mit uns darüber.
Und wir werden Ihnen eine konkrete Antwort geben.
Das Aufbauproblem als solches haben unsere Techniker von vorneherein gelöst. Mit dem stabilen Leiterrahmen aus U-Profilstahl.
Der kennt keine Kröpfungen oder Ausbuchtungen. Weil solche Dinge die überflüssige Eigenschaft haben, das Aufsetzen des Aufbaues zu komplizieren.
Unkompliziert ist dann auch der weitere Umgang mit Ihrem Lkw.
Weil ein Unterflurmotor zum Beispiel mehr für ein Nutzfahrzeug tun kann, als Räder anzutreiben.
Beim Büssing sorgt er für die beste Gewichtsverteilung, die es gibt.
Für ein ausgeglichenes Achslastverhältnis.

Drei Radstandsmaße und fünf Nutzlasten standen für den BS 11 L zur Wahl.

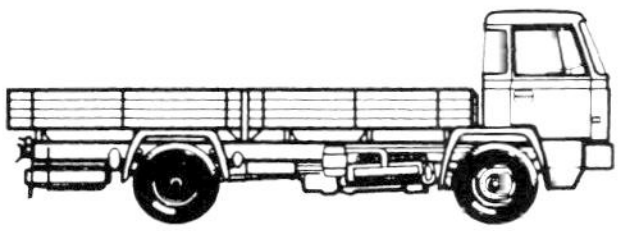

Radstand 3600 · Nutzlast bis 6350 kg
5-m-Pritsche · Fahrerhaus »A«

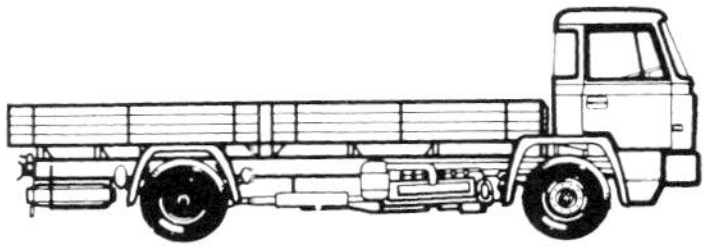

Radstand 4300 · Nutzlast bis 6250 kg
6-m-Pritsche · Fahrerhaus »A«

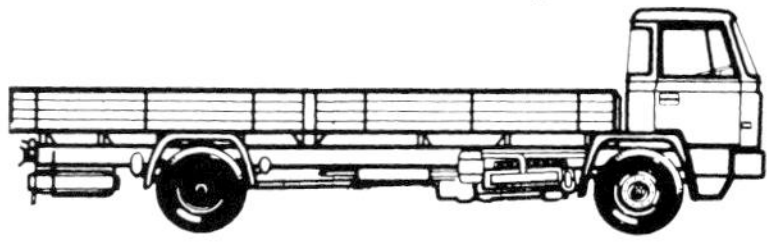

Radstand 5000 · Nutzlast bis 5800 kg
7,5-m-Pritsche · Fahrerhaus »A«

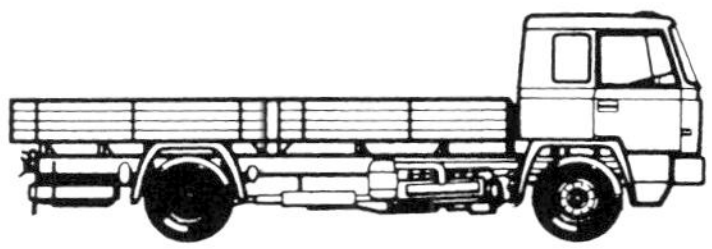

Radstand 4300 · Nutzlast bis 6200 kg
5,5-m-Pritsche · Fernfahrerhaus »B«

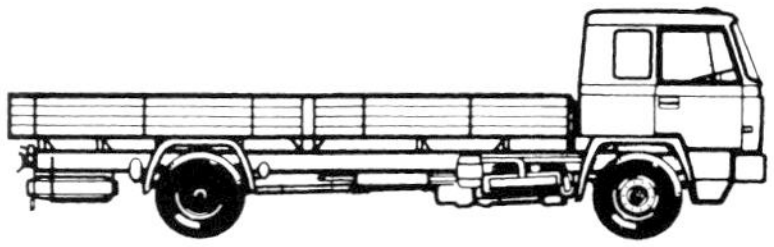

Radstand 5000 · Nutzlast bis 5750 kg
7-m-Pritsche · Fernfahrerhaus »B«

Beim Commodore S 16-210 bewies Büssing, daß auch die Frontlenker-Sattelzugmaschine mit dem Unterflur-Diesel ausgestattet werden konnte

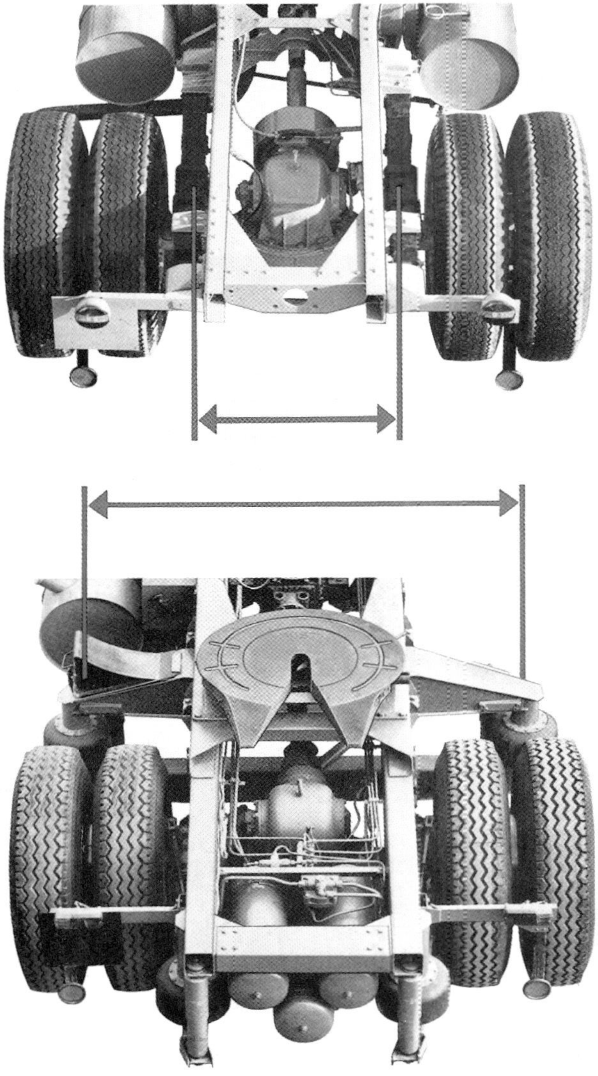

Da sich der Unterflurmotor beim S 16-210 nicht zwischen den Achsen plazieren ließ, lag er vor der Vorderachse; unter der Stummelhaube befand sich die Kühlanlage; Luftbälge unterstützten die Federung des Sattelschleppers.

In seinem letzten Programm warb Büssing um den Nahverkehrs-Spediteur mit den 11- bis 15-Tonnen-Fahrzeugen.

Das vollverglaste Cockpit war zwar spartanisch, aber mit einem umfangreichen Armaturenbrett ausgestattet.

11-15 t

Ihr Lastwagen und unser Programm

Zwischen Nahverkehr und Nahverkehr, zwischen Lieferung und Lieferung ist ein Unterschied. Das Transportgeschäft bekommt immer mehr Gesichter. Darum muß ein Techniker, um den richtigen Lkw zu bauen, heute wie ein Fernfahrer, ein Städteplaner und ein Verkehrsexperte denken. Aber auch wie ein Lebensmittelgrossist, ein Brauereibesitzer oder ein Heizöllieferant. Solche Überlegungen werden dann zu Fahrzeugen, die Sie in unserem 11- bis 15-t-Fahrzeugprogramm finden. Daß es ein Programm ist und nicht nur eine Handvoll verschiedener Fahrzeuge, mögen ein paar Zahlen verdeutlichen. In den 5 Gewichtsklassen 11, 12, 13, 14 und 15 t bieten wir allein an Pritschenwagen ca. 40 verschiedene Möglichkeiten. Mit verschiedenen Radständen, Motorstärken und Pritschenlängen. Mit das typischste Merkmal aller Lkw ist das geräumige Fahrerhaus. Außen kompakt, technisch elegant. Innen bequem, großzügig, motorfrei. Die Armaturen liegen blendfrei und exakt im Blickfeld. Der Fahrersitz ist in jeder Richtung verstellbar.

Übersichtliches Armaturenbrett

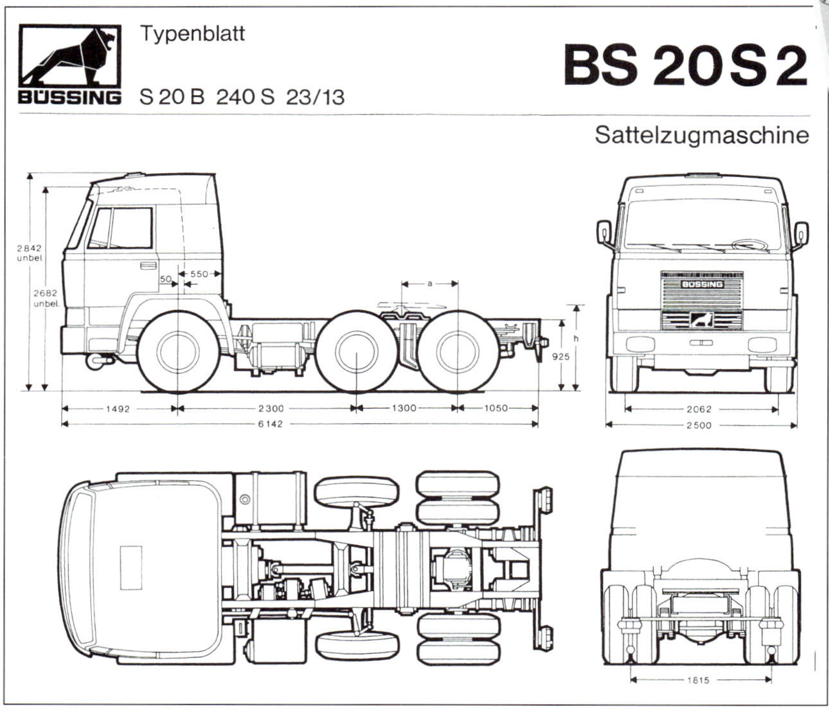

Wiederum eine konstruktiv neuartige Pionierleistung war die Entwicklung der Dreiachs-Zugmaschine BS 20 S2. Durch die zweite Lenkachse besaß der 38-t-Zug gute Manövrierfähigkeiten bei geringem Reifenverschleiß, eine günstige Achslastverteilung und eine sichere Straßenlage.

BS 20 S 2

Doppelt gelenkt fährt sicherer

Das Besondere dieser Zugmaschine liegt in ihrer Vielseitigkeit. Um alle Möglichkeiten optimal zu nutzen, muß sie von den grundlegenden technischen Merkmalen her Optimales bieten. Zwei lenkbare Achsen zum Beispiel. Wir wollen Ihnen wenigstens die hauptsächlichsten Vorteile dieser Konstruktion schildern.
Zwei gelenkte Achsen machen einen 38 t schweren Zug wendiger, manövrierfähiger. Zwei gelenkte Achsen führen den Sattelschlepper exakter. Das verhindert manchen Ausrutscher.
Zwei gelenkte Achsen bewirken, daß das Fahrzeug sorgsamer mit seinen Reifen umgeht.
Zwei gelenkte Achsen bringen eine günstigere Achslastverteilung und höhere Seitenstabilität.
Soviel zum Konzept. Und weil Fahreigenschaften nur dann gut sind, wenn Komfort damit verbunden wird, haben wir die Lenkachsen mit Parabel-Blattfedern und die Hinterachse mit Halbelliptikfedern ausgestattet. In Verbindung mit je zwei hydraulischen Stoßdämpfern arbeiten sie im Team mit den Antriebsaggregaten. Alles zusammen bringt die runde Leistung.

Batteriekasten am Rahmen

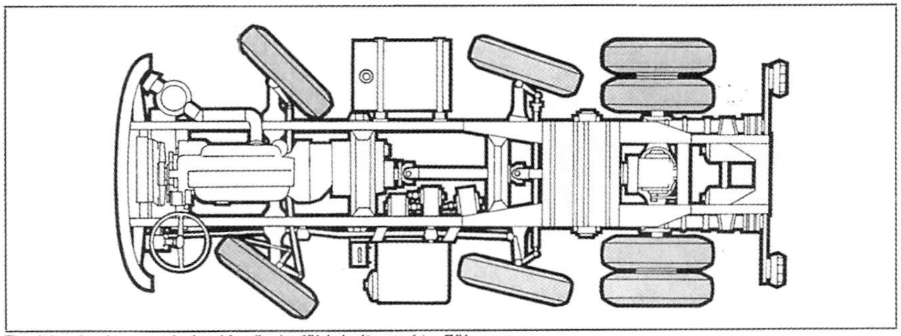

Zwei Lenkachsen – hohe Manövrierfähigkeit, exakte Führung

Drei Achsen, davon zwei gelenkt: Eine Besonderheit der Zugmaschine BS 20 S2.

BS 20 S2

Doppelt gelenkt fährt sicherer

Das Besondere dieser Zugmaschine liegt in ihrer Vielseitigkeit. Um alle Möglichkeiten optimal zu nutzen, muß sie von den grundlegenden technischen Merkmalen her Optimales bieten. Zwei lenkbare Achsen zum Beispiel. Wir wollen Ihnen wenigstens die hauptsächlichsten Vorteile dieser Konstruktion schildern.
Zwei gelenkte Achsen machen einen 38 t schweren Zug wendiger, manövrierfähiger. Zwei gelenkte Achsen führen den Sattelschlepper exakter. Das verhindert manchen Ausrutscher.
Zwei gelenkte Achsen bewirken, daß das Fahrzeug sorgsamer mit seinen Reifen umgeht.
Zwei gelenkte Achsen bringen eine günstigere Achslastverteilung und höhere Seitenstabilität.
Soviel zum Konzept. Und weil Fahreigenschaften nur dann gut sind, wenn Komfort damit verbunden wird, haben wir die Lenkachsen mit Parabel-Blattfedern und die Hinterachse mit Halbelliptikfedern ausgestattet. In Verbindung mit je zwei hydraulischen Stoßdämpfern arbeiten sie im Team mit den Antriebsaggregaten. Alles zusammen bringt die runde Leistung.

Batteriekasten am Rahmen

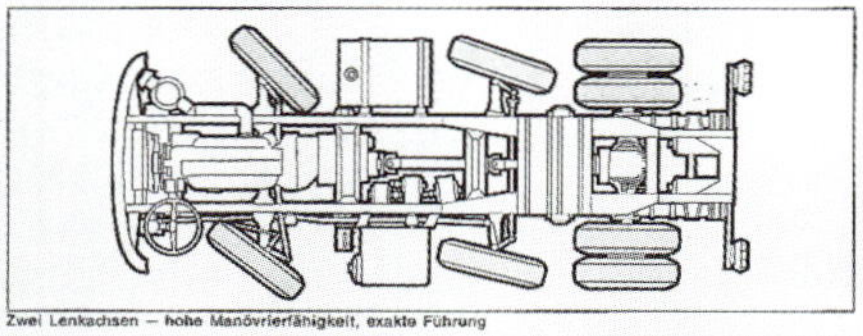

Zwei Lenkachsen – hohe Manövrierfähigkeit, exakte Führung

BS 20 S2

Das Fahrgestell im besonderen

Damit der Fahrer auch mit dem Lenken leichtes Spiel hat, unterstützt ihn die Kugelmutter-Hydrolenkung bei der Arbeit.
Das Getriebe ist ein Allklauen-Schaltgetriebe mit 6 Vorwärtsgängen und einem Rückwärtsgang. Wenn Sie es brauchen und wünschen, verdoppelt sich die Anzahl der Gänge. Mit dem dafür vorgesehenen Gruppengetriebe.
Damit das Kuppeln ebensowenig wie Lenken oder Schalten zum Kraftakt wird, ist die Zweischeiben-Trockenkupplung hydraulisch zu betätigen. Und mit Druckluft unterstützt.
Noch ein paar Fakten zum Fahrgestellrahmen. Er ist ein verwindungsfester Leiterrahmen. Genietet und geschraubt. Mit angeschraubten Federböcken. Durch die Rahmenverstärkung ist ein Hilfsrahmen überflüssig. Was die Rahmenhöhe wirtschaftlich niedrig macht. Und das Leistungsgewicht niedrig hält.
Die Federspur ist 930 mm breit und daher ein wichtiger Sicherheitsfaktor. Zwei eingebaute Stabilisatoren tuen ein übriges. Für die Seitenstabilität des Fahrzeugs. So, wie die durch Druckluft betätigte hydraulische Zweikreis-Bremsanlage für den ganzen Sattelzug.

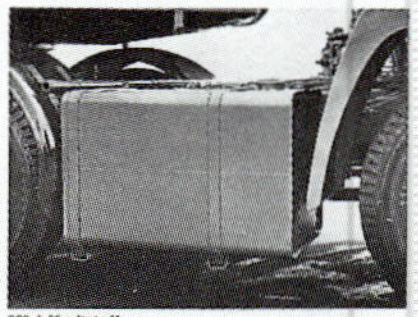

360 l Kraftstoff

Universell im Einsatz – vom Silo bis zum 8'6" Container

Details aus dem Prospekt für die dreiachsige Zugmaschine BS 20 S2 mit dem 240-PS-Motor.

BÜSSING

Kipper, Pritschenwagen, Sattelzugmaschinen, Linienbusse, Reisebusse

Letztmalig warb der Prospekt 1969 für den Kipper BS 16 UK. Als treibende Kraft für den 32- oder 36-Tonnen-Kipper-Lastzug arbeitete der U 12 D-Direkteinspritzer mit 240 PS zwischen den Achsen. Die Kolbenböden wurden durch angespritztes Öl, die Auslaßventile durch eingefülltes Natrium gekühlt.

BS 16 UK

Kipper

BS 16 SK

Der BS 16 SK.
Oder was ein 240 PS-Motor alles bringt.

Zunächst einmal ungewöhnlich viele PS. Für diese Klasse. 240 PS, die wir in unserem Motor S 12 D so angelegt haben, daß das maximale Drehmoment von 86 mkp bereits bei 1300 U/min da ist.
Lassen wir das Diagramm sprechen: Das Drehmoment bleibt mit steigender Drehzahl über einen weiten Drehzahlbereich nahezu konstant. Mit anderen Worten heißt das: Elastizität, Sparsamkeit und ein langes Motorleben.
Der BS 16 SK wäre kein Büssing, wenn die Kraft, die der 12,3-l-Direkteinspritzer bringt, nicht ideal an die Räder weitergegeben würde. Das AK 6-80-Getriebe hat 6 Vorwärtsgänge. Die hydraulische Zweischeiben-Trockenkupplung wird unterstützt. Mit Druckluft. Damit der Fahrer beim Schalten leichtes Spiel hat.
Wenn Ihr BS 16 SK unter besonders extremen Bedingungen arbeiten muß, können Sie ihn auf Wunsch mit einem Gruppengetriebe und elektropneumatisch betätigter Differentialsperre bekommen.
Unter einer starken Maschine verstehen wir eben auch die Aggregate, die mit dem Motor aufs engste zusammenarbeiten. Diese Zusammenarbeit bringt letztlich ja die Leistung des gesamten Lkw.

Rundumsicht

240-PS-Motor S 12 D

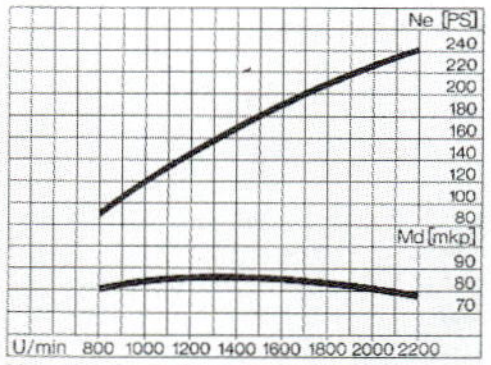

Motorcharakteristik: stark und elastisch

Um Kunden zu gewinnen, die weiterhin den Diesel stehender Bauart bevorzugten, war Büssing bis zuletzt gezwungen, zwei Motor-Baureihen anzubieten. Hier der Allradkipper BS 16 SK mit 240-PS-Diesel.

BÜSSING

Kipper, Pritschenwagen, Sattelzugmaschinen, Linienbusse, Reisebusse

BS 15 AK

Allradkipper

BS 15 AK

bleibt beim Abkippen fest auf den Rädern

Der Rahmen ist stabil und verwindungselastisch. Ein Hilfsrahmen ist nicht erforderlich. Der vordere Kippträger lagert in wartungsfreien, neuentwickelten Gummielementen, die alle Zwangsverspannungen ausgleichen. Die Hinterachse und die geteilte Vorderachse sind mit Blattfedern und Stoßdämpfern ausgerüstet, die Hinterachse außerdem mit Zusatzfedern, die von Zusatzfederböcken geführt werden.
Sie verleihen dem Fahrzeug hohe Seitenstabilität. Das Vorder- und Hinterrad einer Seite können z. B. um 450 mm höher stehen, dennoch läßt sich die Pritsche mit voller Nutzlast abheben, ohne jede Kipp- und Bruchgefahr.
Die Kupplung wird hydraulisch betätigt, das Zweigang-Verteilergetriebe (Straße 1:1, Gelände 1:1,6) und die Differentialsperren werden pneumatisch geschaltet. Allradantrieb und Geländegang lassen sich unabhängig voneinander einlegen. Programmschaltung für Allradantrieb und für Differentialsperren verhindern Schaltfehler.

BS 15 AK mit Ladekran

BS 15 AK für Straßenbauämter

BS 15 AK im Erdbau

Prospekt für den Allradkipper BS 15 AK. Die durchbrochene Vorderfront deutete auf den Kühler des stehenden Motors hin.

BS 16 L

Leistung – mehr als Sie brauchen!

Auf diesen Motor sind wir stolz. Nicht weil er 240 PS stark ist, oder wegen der leicht auswechselbaren, nassen Zylinderlaufbüchsen – die Gesamtkonzeption ist entscheidend. Der 6-Zylinder-Direkteinspritzer U 12 D ist härtesten Dauerbelastungen gewachsen. Die Kurbelwelle aus Chrom-Molybdänstahl ist gesenkgeschmiedet. Die Zapfen extra gehärtet und mikrofinish bearbeitet. Sie läuft in 7 Dreistofflagern. Für einwandfreie Wärmeabführung sorgen die nassen Zylinderlaufbüchsen, Kolbenbodenkühlung durch Anspritzen mit Öl, natriumgefüllte Auslaßventile, Ölwärmetauscher und die insgesamt sorgfältig abgestimmte Kühlanlage. Das max. Drehmoment von 86 mkp bei 1300 U/min bleibt über fast den gesamten Drehzahlbereich konstant. Das spricht für starkes Durchzugsvermögen auch in den oberen Gängen. Einer der Gründe dafür, daß der BS 16 L in der Ebene und am Berg so flott durchzieht. Seine 240 PS gibt der 12,3 l-Motor bei 2200 U/min ab. Insgesamt: ein lebendiger, elastischer Motor mit Reserven.

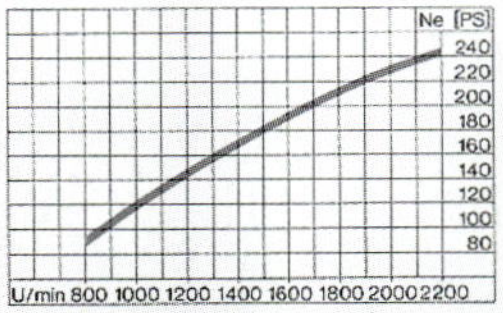

Motorcharakteristik: leistungsstark

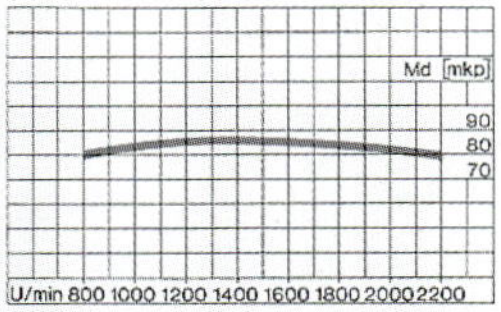

elastisch

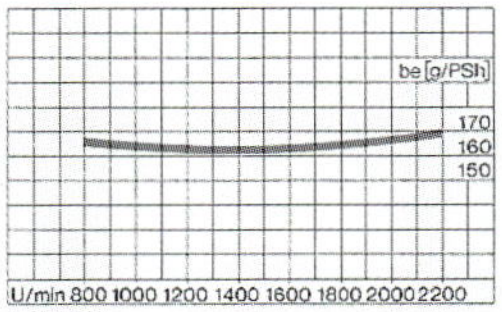

sparsam

BÜSSING

Pritschenwagen, Sattelzugmaschinen, Kipper, Linienbusse, Reisebusse

BS 16 L

Pritschenwagen

Ein klassischer Büssing-Pritschenwagen war der BS 16 L. Die Vorderpartie des »Spezialisten für den Fernverkehr« war hier mit dem emaillierten Büssing-Emblem und dem aufgesetzten Büssing-Schriftzug und einem teilweise verchromten Lufteinlaß geschmückt.

bis 640 l Kraftstoff (Extra)

Trilexräder (Extra)

Auf dieser Abbildung ist zu erkennen, daß das Getriebe durch den rechts am Rahmen liegenden Diesel etwas außermittig eingebaut

BÜSSING

Pritschenwagen, Sattelzugmaschinen, Kipper, Linienbusse, Reisebusse

BS 22 L

Pritschenwagen

Schwerstes Kaliber der Fernverkehrs-Pritschen-Dreiachser war der schließlich 320 PS starke BS 22 L mit Schleppachse.

BS 22 L

Kraft und Tempo = hohe Transportleistung

Das ist ein 3-Achser, den Sie kennenlernen müssen: Alle Vorteile des erfolgreichen BS 16 L, aber mehr Nutzlast.
Das macht die dritte Achse, eine Nachlaufachse.
Dieser 22-Tonner ist stark, 240 PS stark. Ohne Mehrkosten 10 PS mehr als üblich. Das merken Sie am Berg, am Tempo.
Innerhalb der ISO-Norm: 9220 mm Gesamtlänge mit Fernverkehrsfahrerhaus mit 2 bequemen Schlafliegen, 7-m-Pritsche x 2380 mm Breite, genau 16,6 qm Ladefläche oder: Richtig für Wechselpritschen und 20-Fuß-Container. Noch wichtiger, die serienmäßigen Extras ohne Mehrkosten, z. B. die abnehmbaren mittleren und hinteren Eckrungen, die das Laden erleichtern und beschleunigen.
Wieviel Zeitgewinn aber bringt erst der Unterflurmotor mit seinen Wartungsvorteilen!
Mit diesem Fahrzeug schaffen Sie mehr Tonnenkilometer, haben Sie mehr Gewinn. Kleinigkeiten! Aber sie summieren sich.

6-t-Nachlaufachse, Einzelradaufhängung

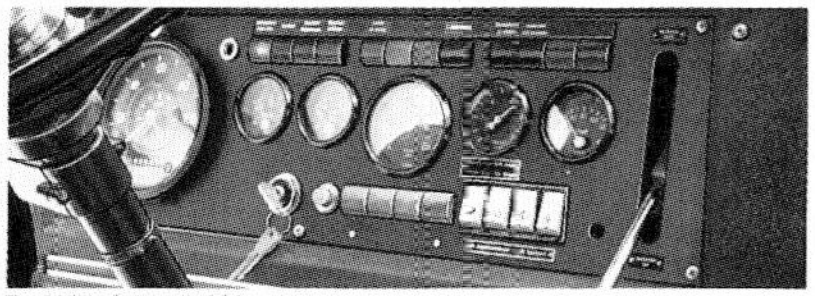
Übersichtliche Instrumententafel

BS 22 L

Kraft – mehr als Sie brauchen

Auf diesen Motor sind wir stolz, nicht weil er 240 PS stark ist oder wegen der leicht auswechselbaren Zylinderlaufbüchsen – die Gesamtkonzeption ist entscheidend. Der 6-Zylinder-Direkteinspritzer U 12 D ist härtesten Dauerbelastungen gewachsen. Die Kurbelwelle gesenkgeschmiedet, mit extra gehärteten und mikrofinish bearbeiteten Zapfen, läuft in 7 Dreistofflagern. Für einwandfreie Wärmeabführung sorgen Kolbenbodenkühlung durch Anspritzen mit Öl, natriumgefüllte Auslaßventile, Ölwärmetaucher und die insgesamt sorgfältig abgestimmte Kühlanlage. Das max. Drehmoment beträgt 86 mkp bei 1300 U/min. Volle Leistung bei 2200 U/min. Zwei Achsübersetzungen stehen zur Verfügung. Mit Übersetzung 6,7 erreicht der BS 22 L eine Spitze von 92 km/h. Der volle Zug steigt fast 15 %. Mit Gruppengetriebe erhöht sich das Steigvermögen auf 17 %. Mit Übersetzung 7,4 haben Sie 16,4 % (mit Gruppe 19 %) Steigfähigkeit beim 38-t-Zug und 84 km/h Spitze.

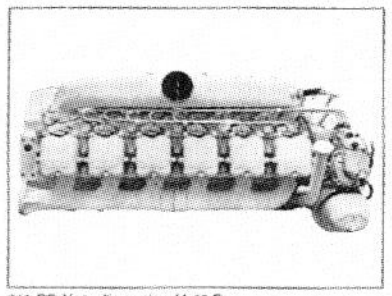
240-PS-Unterflurmotor U 12 D

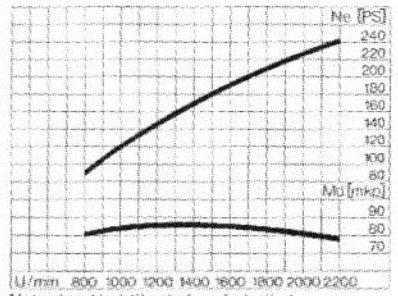

Motorcharakteristik: stark und elastisch

Aufgrund ihrer dreißigjährigen Erfahrung im Unterflur-Motorbau konnte die Firma Büssing überzeugend für die niedrigen Phonwerte im Fahrerhaus und für die Vermeidung der Aufheizung durch den Motor werben. Wie es hieß, gab es keine lästigen Gerüche durch Motor, Säure oder Gase.

Türkische MAN-Fahrzeuge im Büssing-Look

Nachdem die Lepoix-Fahrerhäuser auch im MAN-Büssing-Übergangsprogramm verschwunden waren, kamen sie bei den türkischen MAN-Fahrzeugen der Manas-Gesellschaft zur Verwendung.

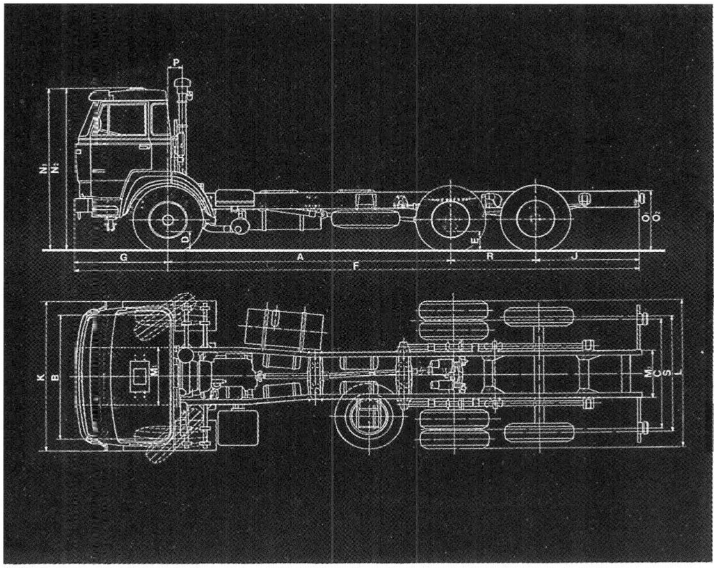

MAN

26.240 FN (6x2)

Aus einem Prospekt für Kunden in der Türkei: Die Ausführung 26.240 (6x2) war mit stehendem MAN-Diesel und Einheits-Antriebsachse versehen.

ÖLÇÜLER (mm)

A+R	Dingil mesafesi	4500+1320
B	Ön iz açıklığı	2063
C	Arka iz açıklığı	1800
D	Serbest yükseklik, ön	323
E	Serbest yükseklik, arka	373
F	Tam boy	9020
G	Ön sarkıntı	1500
J	Arka sarkıntı	1700
K	Azami Genişlik	2500
L	Arka dış tekerlek azami genişliği	2456
M1	Şasi ön kirişi genişliği	940
M2	Şasi arka kirişi genişliği	760
N	Azami yükseklik, yüksüz	2850
O	Şasi kiriş yüksekliği, yüksüz	1220
S	İlave aks iz açıklığı	1900
S	" " " " (çift lastikte)	1800

AĞIRLIK (kg)

Boş ağırlık	7350
Ön aks boş ağırlığı	4000
Arka akslar boş ağırlığı	3350
Ön aks yüklü ağırlığı	6500
Arka akslar yüklü ağırlığı	19000
Azami yüklü ağırlık	25500

İMALATÇISI

MAN KAMYON VE OTOBÜS SANAYİ A.Ş.

İSTANBUL TELEFON: (1) 567 07 10 (8 Hat) TELEFAX: 567 05 30 TELEX: 22 367 MAN-tr.

ANKARA TELEFON: (4) 324 31 00 (5 Hat) TELEFAX: 324 57 20

Metin ve resimler bağlantısız olup tekâmül nedeniyle değiştirilme hakkı mahfuzdur.

Sattelzüge erfreuen sich im Vorderen Orient großer Beliebtheit. Mit 210 und 280 PS stattete Manas die Zugmaschinen aus. In den Grill der kippbaren Fahrerhäuser war der MAN-Rahmen mit dem Braunschweiger Welfenlöwen und den MAN-Buchstaben eingelassen.

Details des MAN-Büssing 19.281 FS.

ÖN AKS
M.A.N V7-70L model, yüksek kaliteli çelikten dövülmüş (I) profilinden 6,5 ton kapasiteli, ağır hizmet tipi.

ARKA ARKS
En yeni teknolojiye göre ve ağır hizmet için geliştirilmiş, M.A.N AP-H7-13120 tipi, 13 ton kapasiteli, dıştan planet disli ve redüksiyonlu.

JANTLAR
6+1, 8.0-20, Düz Tip.

LASTİKLER:
6 + 1, 12.00-20.

SÜSPANSİYON
Önde: Yarı eliptik ön makaslar, lastik ve hidrolik çift tesirli teleskopik amortisörlerle takviye edilmiş süspansiyon.

Arkada: Takviyeli yarı eliptik makaslar.

FRENLER
Basınçlı hava ile çalışan, frenleme kuvvetini aks yüklerine göre otomatik olarak ayarlayan çift devreli fren sistemi. Otomatik balata aşınma ayarlı.

Servis Freni	:	Ayak kumandalı, bütün tekerleklere etkilidir.
El Freni	:	Arka tekerleklere mekanik olarak tesir eder, hava kumandalıdır.
İmdat Freni	:	Havanın boşalmaya başlaması ile otomatik olarak cevreye girer, arka tekerleklere etkili.
Motor Freni	:	Hava kumandalı, sessiz çalışır. Püskürtme pompası ve egzost manifolduna etkili.

YAKIT TANKI
300 litre kapasiteli yakıt tankı.

ELEKTRİK DONANIMI
24 voltluk merkezi elektrik sistemi. Alternatör 28 V / 35 A (980 W), 150 amper saatlik 2 adet akümülatörle donatılmıştır. Akü ana şalteri.

PERFORMANS

Azami hız	:	104 Km/h
Azami tırmanma yeteneği	:	%25 (Katar ağırlığı ile)
Arka aks tahvil oranı	:	5,22

Büssing-MAN 19.210 FT. Dieser Prospekt für den 35-Tonner ist in Englisch abgefaßt, um Kunden in verschiedenen Ländern des Vorderen Orients einheitlich anzusprechen.

Technische Details zum Büssing-MAN 19.210 FT, obwohl in englischer Sprache mit metrischen statt Zollmaßen.

SUSPENSİON
Front: Semi-elliptic heavy duty leaf springs with rubber pads and double acting telescopic shock absorbers.
Rear : Semi-elliptic heavy duty leaf springs with progressively acting auxiliary semi-elliptic leaf springs.

WHEELS
(6 + 1) Disc wheels 8.0-20 (Optional trilex wheels 8.5-20)

TYRES
(6 + 1) Tyres 12.00-20 × 18 PR (Optional 12.00-24)

FUEL TANK
300 liters capacity. Located on the right hand side

ELECTRICAL SYSTEM
Starter : 24 Volt (Starter interlock relay)
Alternator: 28 V- 35 A (Over voltage protection)
Batteries : 2 × 12 V-120 Ah. (Battery main switch)

GEAR BOX POSITIONS		1 st Gear	2 nd Gear	3 rd Gear	4 th Gear	5 th Gear	6 th Gear	Reverse
Speeds (km/h)	Slow	8.3	14.5	23.9	36.1	52.1	75.1	8.8
	Fast	9.9	17.3	28.6	43.4	62.5	90.4	10.6
Gear Box Ratios	Slow	9.00	5.18	3.14	2.08	1.44	1.00	8.45
	Fast	7.52	4.33	2.62	1.73	1.20	0.83	7.05

PERFORMANCE
Max. Speed : 90.4 km/h
Max. Gradeability: 18.8 % (For 35 t. G.C.W)
Rear axle ratio : 5.92

Weitere Dokumentationen von Wolfgang H. Gebhardt

Deutsche Omnibusse seit 1895
Der Bogen spannt sich von der fragilen Benz-Kutsche über den Sattelschlepper-Omnibus Do 56 des VEB Waggonbau Bautzen aus dem Jahr 1957 bis zum 480-PS-Boliden von Neoplan.

660 Seiten, 872 Bilder, 5 Karten
Bestell-Nr. 01555 **DM 98,–**

Deutsche Lieferwagen
Herstellern wie Adler, Benz und DKW, Ford, Gutbrod und VW ist zum Thema Lieferwagen allerhand eingefallen. Deshalb ist die Vielfalt der Typen auch so groß. Wolfgang H. Gebhardt hat den Überblick im Dschungel der Kasten- und Pritschenwagen behalten. Ausgestattet mit historischen Aufnahmen und Technik-Tabellen, präsentiert sein Buch in alphabetischer Ordnung jede deutsche Marke und nahezu jeden Typ.

512 Seiten, 598 Bilder
Bestell-Nr. 01878 **DM 98,–**

Büssing Omnibusse 1904–1971
Liebhaber von Omnibussen schnalzen beim Namen »Büssing« mit der Zunge. Denn die Solowagen, Gelenkfahrzeuge und Doppeldecker aus Braunschweig gehörten stets zum Besten, was die Branche in Europa auf die Räder stellte. Diese Revue historischer Werbemittel rückt die alten Reisebusse ebenso in Szene wie die im Kommunalverkehr eingesetzten Busse, die Büssing und Büssing-NAG von 1904 bis 1971 produzierten.

96 Seiten, 149 Bilder, davon 11 in Farbe
Bestell-Nr. 87171 **DM 19,80**

Ihre Verlage für Auto-Bücher

Postfach 10 37 43 · 70032 Stuttgart
Telefon (07 11) 2108065 · Telefax (07 11) 2108070

Motor buch Verlag

Schrader Verlag

Stand März 1999
Änderungen in Preis und Lieferfähigkeit vorbehalten